基层宣讲

十讲

10

惠铭生 著

山东城市出版传媒集团·济南出版社

图书在版编目（CIP）数据

基层宣讲十讲 / 惠铭生著. --济南：济南出版社，
2023.6

ISBN 978-7-5488-5738-9

Ⅰ. ①基… Ⅱ. ①惠… Ⅲ. ①中国共产党-宣传工作
-学习参考资料 Ⅳ. ①D261.5

中国国家版本馆CIP数据核字(2023)第109446号

出　版　人	田俊林
责任编辑	秦　天　惠汝意
装帧设计	胡大伟
出版发行	济南出版社
地　　　址	济南市市中区二环南路1号（250002）
编辑电话	（0531）86131746
发行电话	（0531）67817923
印　　　刷	济南新科印务有限公司
版　　　次	2023年6月第1版
印　　　次	2023年6月第1次印刷
成品尺寸	145mm×210mm　32开
印　　　张	8.5
字　　　数	164千
定　　　价	68.00元

自 序

我之所以对基层宣讲情有独钟,一个很重要的原因是,基层宣讲与我目前从事的工作能够完美结合,能够同频共振、相互成就。我是一名党报评论员,在济南日报主要负责组织策划和撰写编发理论评论文章。比较宣讲与党报理论宣传工作不难发现:

宣讲,是通过语言"讲理论";党报理论宣传,是通过媒介"讲理论"。归根结底,二者做的是同样的事,目的之一都是打通理论宣传"最后一公里",让党的创新理论"飞入寻常百姓家"。在舆论场上,基层宣讲与党报理论宣传都在发挥着"定盘星""风向标""压舱石"作用。

参与基层宣讲八九年了,回顾过往,我认为最大的感受和收获就是四个字——相互成就。

一是基层宣讲与党报理论宣传之间的相互成就。什么是宣讲?用一句话形象地概括:讲述好故事,传递好声音,凝聚正能量。哪些声音是"好声音"?是党的路线、方针、政策、社会主义核心价值观，等等。

有人想参与基层宣讲，成为一名宣讲员，或者参与遴选、培训宣讲员，当一名指导老师，都必须具有深厚的理论功底，必须成为"政策通"。作为党报评论员，基于长期积累的扎实理论功底、对政策的准确把握，以及对时事政治和地方党委政府中心工作的熟悉了解，我能够通过培训辅导的方式，帮助一些宣讲骨干提升理论政策水平，对标宣讲主题，把宣讲内容嵌入现实世界并赋予其时代的内涵与价值。

换个角度看，"讲故事是宣讲最好的方式""宣讲要学会用群众的语言"等理念，以及一些宣讲骨干的"现身说法"，也都给了我很多、很大的触动和感怀。党报理论，不应该是文字冗长、晦涩难懂的，否则读者就不喜欢、不接受。所以，作为济南日报理论评论部负责人、"理响泉城"工作室主编，我在组织策划、撰写编发文章时，就将基层宣讲的一些先进理念"嫁接"过来，持续不断地改文风，学会了讲故事，学会了运用群众的语言，也善于用浅显易懂的话语把深奥的理论讲透彻、讲明白。

二是我与宣讲员之间的相互成就。在多年的培训和巡讲过程中，我与一些宣讲骨干亦师亦友，相互取长补短，在共同聆听好故事、好声音的同时，不断地汲取正能量，接受精神洗礼，使思想升华。我指导宣讲骨干润色稿件、提升宣讲水平，为他们在各级比赛中摘金夺银、在巡讲中宣讲出更好效果，尽了一点微薄之力。而我所熟悉的宣讲员，有的是全国模范，如高淑贞、房泽秋、张保国、李洪文、亓民川、辛沙沙、董丹、陈国瑞等；有的是省、市、区党代表、人大代表、政协委员，如肖岛、崔晓鹏、尚金花、王慧慧、吕丽敏、李世珍等；更多的则是各行各业各岗位涌现出来的青年翘楚……他们每个人讲述的都是"好故事"，每个人传递的都是"正能量"，每个人传播的都是"好声音"。聚是一团火，散是满天星。他们是一道道微光，汇聚起来，便是引领社会不断前行的熊熊燃烧的火炬。一次次与他们交流，一次次聆听他们宣讲，我一次次被感动、被教育、被启发，也一次次校正着我的"三观"，沉淀着我的思想，提升着我的工作。从这个角度看，每一位宣讲员何尝不是我的人生导师？！

俗话说，"文无定法"。所谓文无定法，是关于写作技法、写作规律的辩证认识，强调对技巧、规律不可生搬硬套、墨守成规，而应该灵活运用、不断创新。

但是，强调"文无定法"，并非否定每种文体自身特有的规律和法则。比如，记叙文、说明文和议论文属于不同的文体，文体不同，写法各异。记叙文是以记人、叙事、写景、状物为主，以人物的经历和事物的发展变化为主要内容的一种文体；说明文是一种以说明为主要表达方式的文体；议论文，又叫说理文，是一种用来剖析事物、论述事理、发表意见、提出主张的文体。从这个意义上讲，文也是有"定法"的。

在实践中，不少人将宣讲与演讲、朗诵混同了，忽略了"文有定法"的原则。即便同是宣讲，由于宣讲种类不一样，宣讲稿的写法亦有不同。比如，理论宣讲侧重于理论解读、阐释和宣传，旨在积极推动党的创新理论入脑入心；政策宣讲侧重于政策解读和宣传，旨在积极推动党的好政策及时落地；百姓宣讲侧重于讲故事，寓"理"寓"情"于故事之中，旨在推动党的创新理论"飞入寻常百姓家"。

这些年，基层宣讲遍地开花，在全国各地呈现燎原之势，宣讲的种类、形式一直都在创新发展。比如，按宣讲主体分，有专家学者宣讲、领导干部宣讲、基层群众宣讲、先进劳模宣讲、"五老"人员宣讲、文艺骨干宣讲、志愿服务者宣讲、青年学生宣讲等。按宣讲形式分，有舞台宣讲、曲艺宣讲、视频宣讲、微宣讲、云宣讲等。针对不同种类、不同形式的宣讲，宣讲稿的撰写和宣讲呈现方式当然是有区别的，而且稿件的质量与宣讲的水平也是有着严格评价标准的。

个别基层单位，因为对什么是宣讲不了解，对基层宣讲重大意义缺乏认识，所以推荐宣讲员时，要么不担当不作为，敷衍了事，要么受限于思维定式，动辄推荐会讲普通话、曾经在演讲或朗诵比赛中获奖的人。被推荐的人有无一定的政策理论水平，有无可挖掘的典型故事，有无讲台宣讲的潜力——是否达到这些宣讲必备的"核心要求"，有时被基层单位忽视了。

对于宣讲员而言，虽然有"文无定法"的约定俗成，虽然宣讲呈现应该各显其能，但什么样的宣讲稿是质量高的，什么样的宣讲效果是好的，肯定是有标准的。人人都有故事，但未必人人都会讲好故事。人人都可以登台宣讲，但未必人人都能宣讲出良好效果。问题在于，很多人第一次参加宣讲，两眼一抹黑，不了解什么是宣讲，不知道如何撰写宣讲稿，也不知道在讲台上如何呈现宣讲内容，所以想站上宣讲台不太容易，往往会走很多弯路，甚至在某一个筛选环节被淘汰。有的人即便站上宣讲台，由于故事不典型、主题不突出、语言不生动，其宣讲也会索然无味。一些专家学者宣讲理论时，表现出的照本宣科、内容晦涩、语言枯燥等，导致宣讲效果不佳。总之，宣讲之前，必须熟悉宣讲标准和要求，掌握写出好宣讲稿的"秘籍"，评估如何宣讲才能讲出良好效果。

除此之外，决定宣讲质量的因素还有很多，比如稿件内容、宣讲技巧、衣着服饰、肢体语言、心态情绪等。哪一个环节出了问题，都可能成为"败笔"而使宣讲效果大打折扣。

只有看清前方的路，才不会迷茫彷徨，才能信心百倍地努力前行。所以，无论是基层单位，还是参与宣讲的人员，都有必要通过各种途径了解宣讲工作，把握宣讲的基本标准、规范与要求，如此，才能让基层宣讲异彩纷呈。

这些年，我与宣讲结缘且一路同行。一方面，作为一位宣讲员，我深入一些党政机关、高校和企事业单位进行理论宣讲；另一方面，作为一名指导专家，除了承办一些单位组织的宣讲骨干培训班之外，还经常受邀到一些机关、企业单位，给宣讲员讲授关于基层宣讲的知识与技巧，帮助他们提升稿件和宣讲水平。经过多年的积累与沉淀，我对如何写好宣讲稿、如何讲好典型故事、如何突出宣讲主题、如何提升舞台宣讲技巧等，有了更为深刻的理解与认识，也明晰了基本方法与路径，感悟到高标准宣讲内在的规律。

这本《基层宣讲十讲》所关涉的内容，是我多年来身体力行参与宣讲工作的经验性总结，是我多年来参与培训、受邀讲课而准备的讲义的选择性结集。现在我忐忑地将这本书呈现给大家，希望大家能够开卷有益，从中得到一些启发和帮助。

惠铭生

2023 年 5 月 28 日　于济南

目　录

第一讲
如何做好基层宣讲前的准备

　　著名教育家陶行知先生说："学高为师，身正为范。"从事教育，"德""行"二字很重要。但有知识、有德行，就能当好老师吗？也不一定！上课前，老师还得备课、写教案。只有课前准备充分，才能上课讲得精彩，学生才愿意听，从而学到更多知识。除此之外，老师还得爱岗敬业，愿意做一支蜡烛，燃烧自己，照亮别人。

　　宣讲是一种宣传与教育。若想成为一名优秀的基层宣讲员，必须充分做好宣讲前期各项准备工作，比如认真学习政策理论、充分认识宣讲工作的重要意义、知晓基层宣讲员培养的步骤与过程等。

一、充分认识理论宣讲工作的重要性

"闻大道，则信愈坚；通大论，则心愈固。"理论宣讲工作是党的思想政治工作的重要组成部分，是党引导舆论、宣传理论、动员和教育群众的重要方式，是党密切联系群众、开展群众工作的重要方式。党的十八大以来，各级理论宣讲工作者按照党中央的部署和要求，着力提升理论宣讲质量和水平，扎实推动习近平新时代中国特色社会主义思想走深走实走心，为巩固马克思主义在意识形态领域的指导地位、巩固全党全国人民团结奋斗的共同思想基础作出了重要贡献。

这些年，全国各地塑造出了各具特色的宣讲品牌，涌现出很多优秀的宣讲员，吸引着更多的人加入宣讲队伍。群众在哪里，宣讲阵地就安设到哪里。一个个宣讲员满怀热情地进机关、进社区、进农村、进学校、进企业，积极宣传党的路线方针政策，积极回应基层干部群众的关切，基本实现了基层宣讲广泛覆盖、到边到底，弘扬主旋律，传播正能量，唱响好声音，展示真善美，让党的创新理论彰显真理力量和实践伟力。

为什么进行宣讲呢？这需要从更高站位、更宽视野、更大格局对宣讲，特别是对基层宣讲工作的重大意义与作用进行解读和认知。

（一）理论宣讲是新时代意识形态工作的重要组成部分

宣讲员是新时代的理论宣讲家、政治宣传员、思想传播者，他们进机关、进农村、进社区、进校园、进企业等，传递正能量，传播"好声音"，共同筑牢意识形态主阵地。

意识形态到底有多重要？意识形态工作是党的一项极端重要的工作，是国家的"心"、民族的"魂"。习近平总书记用三个"事关"、三个"关乎"加以强调——

三个"事关"：能否做好意识形态工作，事关党的命运前途，事关国家长治久安，事关民族凝聚力和向心力。

三个"关乎"：做好意识形态工作，关乎旗帜，关乎道路，关乎国家政治安全。

意识形态工作关系到国家举什么旗、走什么路、立什么制等重大政治问题。

历史和现实深刻昭示：意识形态领域的斗争，不仅仅是理论之争、观念之争，更是道路之争、前途之争、命运之争。意识形态领域阵地，真理不去占领，谬误就会肆意横行；舆论导向空间，你不去主导加强，就会被别人掌控利用。

"煌煌乎武哉""郁郁乎文哉"。百余年来，我们党取得革命、建设、改革的一个又一个胜利，是同高度重视意识形态、舆论引导工作密不可分的。

毛泽东指出，"掌握思想领导是掌握一切领导的第一位"，强调"革命要靠二杆子——枪杆子和笔杆子"。

邓小平反复强调："拿笔杆是实行领导的主要方法。""不懂得用笔杆子、不会拿笔杆子，这个领导就是很有缺陷的。"

江泽民提出："意识形态领域是和平演变与反和平演变斗争的重要领域……思想宣传阵地，社会主义思想不去占领，资本主义思想就必然会去占领。"

胡锦涛指出："意识形态领域历来是敌对势力同我们激烈争夺的重要阵地，如果这个阵地出了问题，就可能导致社会动乱甚至丧失政权。"

习近平总书记强调："思想防线被攻破了，其他防线就很难守住。"党的十八大以来，以习近平同志为核心的党中央高度重视意识形态工作，强调意识形态工作是为国家立心、为民族立魂的工作；强调意识形态工作的领导权任何时候都不能旁落。

马克思认为："如果从观念上来考察，那么一定的意识形态的解体足以使整个时代覆灭。"也就是说，在任何时代，忽视意识形态工作都是极端危险的。

20世纪90年代，东欧剧变，苏联解体。对此，习近平总书记一针见血地评价："苏联为什么解体？苏共为什么垮台？一个重要原因就是意识形态领域的斗争十分激烈，全面否定苏联历史、苏共历史，否定列宁，否定斯大林，搞历史虚无主义，思想搞乱了，各级党组织几乎没任何作用了，军队都不在党的领导之下了。"

历史和现实都表明：党的意识形态阵地一旦失守，离彻底失败就不远了。在意识形态领域斗争上，我们没有任何妥协、退让的余地，必须把意识形态的领导权、管理权、话语权牢牢掌握在党的手里，任何时候都不能旁落。

党的二十大报告指出，我们要坚持马克思主义在意识形态领域指导地位的根本制度。建设具有强大凝聚力和引领力的社会主义意识形态。强调牢牢掌握党对意识形态工作领导权，全面落实意识形态工作责任制，巩固壮大奋进新时代的主流思想舆论。增强实现中华民族伟大复兴的精神力量。当前，必须以党的二十大精神为引领，不断增强政治自觉、思想自觉、行动自觉，以新时代意识形态工作的新加强、新成效，彰显中国精神、中国价值、中国力量的厚重底色与强大效能。

筑牢意识形态思想防线，战场之一就是理论宣讲。基层宣讲遍地开花，而且形式多样，受众喜闻乐见。基层宣讲员与受众面对面，能够及时、准确、迅捷地将党和国家的创新理论和方针政策传递给受众，这是打通基层理论宣传"最后一公里"、让党的创新理论"飞入寻常百姓家"最便捷的路径之一。

（二）理论强党是中国共产党百年历程的经验与启示

中国共产党已经走过了一百多年的历程。一个百年大党，从弱小走向强大，从磨难走向辉煌，必有其成功的原因。其中弥足珍贵的最重要经验，是理论强党。习近平总书记在庆祝中国共产党成立 100 周年大会上明确指出："中国共产党为什么能，中国特色社会主义为什么好，归根到底是因为马克思主义行！"一百年的历史，留下深深印记的是理论强党，给予深刻启迪的还是理论强党。思想建党、理论强党，是中国共产党这个百年大党的鲜明特色和光荣传统。

一百多年前，中国共产党成立的时候，一切政治的、经济的、军事的资源，都掌握在帝国主义、封建主义、官僚资本主义手里。而我们党当时手无寸铁，仅有的是心中装着的"主义"和用理论武装起来的头脑。但是，我们党的理论、纲领、意识形态正是因为其科学性、正义性、时代性，而具有很强的动员力、说服力与凝聚力。这是我们党的资源和优势，是非常厉害的"武器"。这个"武器"的名称，就叫马克思主义理论。马克思主义是中国共产党的灵魂和旗帜。正如毛泽东所说："主义譬如一面旗子，旗子立起了，大家才有所指望，才知所趋赴。"

党的十八大以来，习近平总书记反复强调思想建党、理论强党，指出"革命理想高于天"，"只有理论上清醒才能有政治上清醒，只有理论上坚定才能有政治上坚定"，"加强思想教育和理论武装，是党内政治生活的首要任务，是保证全党步调一致的前提"。党中央采取一系列重大举措抓好全党理论武装，先后部署开展党的群众路线教育实践活动、"三严三实"专题教育、"两学一做"学习教育，开展"不忘初心、牢记使命"主题教育和党史学习教育等，组织开展党的十八大、十九大、二十大精神宣讲等，目的就是要用科学理论武装全党、教育人民、指导实践，积极推动广大党员干部不断增强"四个意识"、坚定"四个自信"、做到"两个维护"，进一步筑牢信仰之基、补足精神之钙、把稳思想之舵，凝聚起 14 亿中国人民的磅礴伟力，引领中华民族伟大复兴的航船乘风破浪、胜利驶向光辉的彼岸！

（三）党的理论宣讲工作是党的优良传统和政治优势

中共金华市委党校副教授陆昇在《略论中国共产党的理论宣讲》中写道：理论宣讲是中国共产党重要的传播方式，是革命的工具、建设的号角、改革的助推器、展示中国发展的重要窗口。中国共产党的理论宣讲经历了以"革命"为主题的起步期、以"建设"为主题的发展期、以"改革"为主题的转型期、以"强国"为主题的新时代等发展阶段，具有政治性与人民性相统一、科学性与思想性相融合、组织性与纪律性相一致、历史性与时代性相结合的特征，呈现出清晰的演进逻辑：宣讲主体从党员干部走向"一核多元"、宣讲客体从封闭走向开放、宣讲内容从中心导向走向需求导向和问题导向、宣讲方式从"面对面"走向多媒体、宣讲效果从政治动员走向政治认同。

党的理论宣讲工作是党的优良传统和政治优势。中国共产党取得革命、建设和改革的伟大成就，其超强的政治传播能力是不可忽略的重要因素，其中理论宣讲扮演了"传播使者"的角色。

据有关数据统计，1921年全国已有讲演所1881处、巡行讲演团900余个。中国共产党成立后，即成立了中央局宣传部。为了使党员干部、人民群众更好地掌握马克思主义理论，1924年第三届中央执行委员会第一次扩大会议通过了《党内组织及宣传教育问题议决案》，多渠道开展宣讲活动。1924年第一次国共合作后，中国共产党在武汉和广州等地开办了农民运动讲习所，宣讲党的革命事业，启蒙农民思想，推动农民运动。总之，大革命时期，湖南农民运动轰轰烈烈，其中重要原因在于"政治宣传的普及乡村，全是共产党和农民协会的功绩。很简单的一些标语、图画和讲演，使得农民如同每个都进过一下子政治学校一样，收效非常之广而速"。

二万五千里长征路，红军利用报纸电台、标语口号、歌曲表演等，对外宣传和发动群众，对内教育和激励官兵，产生了深远影响。对此，埃德加·斯诺在《西行漫记》中评价道："在某种意义上来说，这次大规模的转移是历史上最盛大的武装巡回宣传。"对此，毛泽东曾说："长征是宣言书，长征是宣传队，长征是播种机。"

延安时期和解放战争时期，"一部电台十万兵"，嘀嗒嘀嗒的电波，传达党中央和毛主席的命令，凝聚起党心民心，涣散了国民党反动派的军心和意志；改革开放以来，每年全国两会后举办的总理记者会，都以极大的信息量向世界宣示中国下一步向何处去……在血与火的淬炼中，中国共产党人凝练出了"打天下要靠笔杆子枪杆子，坐天下同样靠笔杆子枪杆子"这一硬道理。

毛泽东曾在《反对党八股》中旗帜鲜明地说："什么是宣传家？不但教员是宣传家，新闻记者是宣传家，文艺作者是宣传家，我们的一切工作干部也都是宣传家。""一个人只要他对别人讲话，他就是在做宣传工作。"

党的十八大以后，针对世情、国情和党情的变化，以习近平同志为核心的党中央运筹帷幄，对各级领导机关、领导干部提出一系列要求，其中之一就是："领导干部要做实干家，也要做宣传家。"习近平总书记是这样要求的，也是这样做的，他把讲解、宣传、介绍党的十九大精神的声音，从北京中南海传到嘉兴南湖湖畔，从会议桌边传到军营中间，使其从温暖牧民群众心窝到引来各国政要关注，更是从中国主场飘扬至世界四面八方。有媒体评价，党的十九大闭幕以来，习近平总书记在多个主客场外交场合，以主旨演讲、会谈会见、发表署名文章、通电话等形式向外国人士宣介党的十九大精神，担任起"中国故事第一讲解人"。

党的二十大召开后，在二十届中共中央政治局就学习贯彻党的二十大精神进行第一次集体学习时，习近平总书记指出，党中央将就学习宣传贯彻党的二十大精神作出部署。有关部门要细化工作方案，推动党的二十大精神进机关、进企事业单位、进城乡社区、进校园、进军营、进各类新经济组织和新社会组织、进网站。各级党校（行政学院）要把学习贯彻党的二十大精神作为干部培训的主要内容。各地区各部门要抓紧组织干部集中轮训。各级领导干部要亲力亲为，既要做实干家，又要做宣传家，带头宣讲。宣传思想工作部门要精心组织、统筹安排，抓好宣传思想教育工作，加强对外宣介工作，引导国际社会全面了解党和国家的大政方针和发展战略。

二、充分做好宣讲前的各种准备

宣讲的重大意义与作用不再一一赘述。成功不是随随便便的，机会都是留给有准备的人的。一个人想要参加宣讲，就必须充分做好宣讲前的准备。如同你是一位老师，肚子里得"有货"，没有两把"刷子"，那会误人子弟。老师是教书育人的，怎么"育人"？得有德行。著名教育家陶行知先生说："学高为师，身正为范。"启功先生曾为北京师范大学题写了八个字："学为人师，行为世范。""德""行"二字对于教育者的重要性不言而喻。有知识、有德行，就能当好老师吗？也不一定！上课前，老师还得备课、写教案。只有课前准备充分，才能上课讲得精彩，学生才愿意听，才能学到更多知识。另外，老师还得爱岗敬业，愿意做一支蜡烛，燃烧自己，照亮别人。林林总总，缺一不可，否则，你就很难成为一名优秀的老师。同样的道理，你若想成为一名优秀的基层宣讲员，也必须充分做好宣讲前的各种准备。

（一）参与宣讲，必须拥有扎实的理论功底

无论哪一种类的宣讲，归根结底都是讲理论。一个优秀的基层宣讲工作者，一要懂理论，二要知政策，三要晓时事。所以，作为宣讲员，必须具备扎实的理论功底，认真学习领会党的理论、方针、政策，加强对党的创新理论的学习，不断增强政治素养，确保在政治上、思想上、行动上同党中央保持高度一致，给群众以明确的思想指引。只有理论功底深厚，在宣讲时才能高屋建瓴、明辨慎思、深入浅出、循循善诱、妙语连珠，将党的理论、路线、方针、

政策讲深讲透，扎实推进理论宣传大众化、普及化，让党的创新理论"飞入寻常百姓家"。

学习理论政策，是对党员干部的政治要求。干事创业，必须掌握方法论，必须通晓理论政策，这既是提升自身理论水平、政治素养的需要，也是克服"本领恐慌"、提升执政能力的需要。所以我们经常说：干工作，要按政策办事；对群众，要讲好政策。不懂理论，不懂政策，就不可能做好群众工作。

2020年1月8日，习近平总书记在"不忘初心、牢记使命"主题教育总结大会上强调："学习的最大敌人是自我满足，要学有所成，就必须永不自满。现在，有的党员、干部对理论学习不重视，把自学变不学；有的想起来就学一学，三天打鱼、两天晒网；有的拿学习来装门面，浅尝辄止、不求甚解；有的学习碎片化、随意化，感兴趣的就学、不感兴趣的就不学；不少年轻干部理论功底还不扎实、理想信念还不够坚定。要做到真学真懂真信真用，还需要下更大气力。"

要拥有扎实的理论功底、丰富的知识储备，关键在于平时的学习和积累，比如多读书看报，多参加部门、单位组织的理论学习等。在实践中，一些参与基层宣讲的人员面临的最大困境，就是政策理论的欠缺。不懂政策理论，宣讲就会无的放矢，找不到方向和主题。

（二）参与宣讲，必须拥有持久的激情与兴趣

宣讲和演讲、朗诵有一点不同。演讲、朗诵比赛完，意味着活动结束，成绩好的，捧个证书或奖杯就可以开开心心回家了。宣讲呢？比赛结束却意味着新的开始，成绩优异的要继续走下去，去参加更多场次的巡回宣讲。要能够做到召之能来、来之能讲、讲之能胜，实现"聚是一团火，散是满天星"的效果。只有怀有宣讲激情和兴趣的人，才愿意在台下学习提升，在台上宣讲。

事实上，并非所有的人都有宣讲激情和兴趣。我曾经遇到一位从基层筛选出来的宣讲员，她的故事很典型，宣讲稿写得也不错，但在集中培训期间，她反应平淡，表现不积极。我找她谈话，问她为什么，她固执地认为宣讲就是宣传自己，而宣讲中涉及的那些事迹，都是自己应该做的，不值得宣讲和宣扬。

人各有志，即便我不能苟同，但也必须尊重。后来，她没有参与任何一场基层巡讲。

而我遇到更多的，是那些热爱工作、热爱生活、热爱宣讲，并积极参与宣讲的人。比如，宣讲员刘超这样写道："一日入'讲'门，终生宣讲人。"宣讲员陈国瑞感慨："改变，源自宣讲；成长，源自宣讲；感动，源自宣讲；出彩，源自宣讲。我们能做的，就是让宣讲一直在路上，让宣讲更有力量。"还有一位宣讲员曾对我说："我特别喜欢宣讲，

每次登台面对那么多听众的时候，我就感觉特别兴奋和激动，讲起来特别来精神。"这些年，因为热爱宣讲，很多人满怀激情，喜欢当"复读生"，年年活跃在基层宣讲舞台上，积极参与到不同种类的宣讲团队中，如各级党委讲师团、青年宣讲团、劳模宣讲团等。

孔子曰："知之者不如好之者，好之者不如乐之者。"科学家爱因斯坦也说过："兴趣是最好的老师。"一个人想参加宣讲，必须扪心自问："我对宣讲拥有持久的激情和兴趣吗？"

（三）参与宣讲，必须拥有充分的自信与勇气

宣讲，面对的是听众，有时几十人，有时数百人甚至上千人。面对众多的听众甚至面对自己单位的领导，你往台上一站，瞬间成为全场的"焦点"，大家关注你、审视你、期待你，而你又怕讲不好，那时那刻，你肯定会紧张、怯场。

一位美国心理学家曾在三千人当中做过一次心理测验："你最担心的是什么？"答案是各种各样的：死亡、双目失明、丧失亲人、疾病、面容被毁、离婚等。令人吃惊的是，约40％的人认为，最令人担心也是最痛苦的事是在大庭广众前讲话，而死亡排在第六位。

一位名字叫大卫·华勒钦斯基的作者在《榜单大全》中引用的一项研究更具体，这项研究显示：在公众面前说

话最容易引起紧张，超过了人们对高度、昆虫、飞行和死亡的恐惧。

在大庭广众之下讲话，寻常百姓发憷，名人何尝不是？！马克·吐温第一次演讲时口中像塞满了棉花，脉搏快得像在参加百米赛跑；印度英迪拉·甘地初次演讲时"不是在讲话，而是在尖叫"；杰出的演讲家、两度任英国首相的温斯顿·丘吉尔开始演讲时心窝里似乎塞着冰块。

我曾和一些领导交流当众讲话是否紧张的话题，他们说自己在台上讲话也会觉得紧张，有压力感和紧迫感，特别是没有讲稿时，脑子会出现空白，甚至语无伦次。

有些宣讲员乍上讲台，很容易出现怯场的表现，比如心跳加速、口干舌燥、冒虚汗、四肢颤抖、声音沙哑、大脑空白、忘记台词等。一旦出现怯场表现，或将意味着登台亮相失败。

当众讲话紧张、恐惧是人之常情，想要克服，就必须进行自我心理调适。

面对宣讲，如何才能克服怯场心理、拥有充分的自信与勇气？我认为最重要的，是从以下三个方面入手：

一是提高宣讲稿质量。宣讲的最大底气从哪里来？就是有一篇高质量的宣讲稿。我一直认为，好的宣讲是"七分本子、三分讲"。宣讲稿写好了，宣讲你就自信；否则，你就露怯。登台宣讲，你要讲理论政策、讲典型故事，受众要从你的宣讲中听到好声音，汲取正能量。但有些人的宣讲稿质量不"硬核"，比如缺乏主题、没有典型故事等，受众自然不愿意听，自己讲起来也必然疲软无力。

二是熟背宣讲稿内容。宣讲稿的故事典型、主题鲜明，加上记诵得滚瓜烂熟，就会大大消解怯场的心理压力。稿子背不熟，上台宣讲当然会磕磕绊绊，难以融进感情。稿子背熟了，宣讲时自然会得心应手。记诵要"熟"到什么程度？要熟到内容融入你的血液，不管在何时何地、面对何人，只要站出来，张嘴就能从容不迫地宣讲。当然，高超的宣讲从来就不是一成不变地照本宣科，而是因时因地因人而随机应变。要恰当地将最新的理论、最新的政策、最新的工作部署、最新的典型故事糅进去，不断地对宣讲内容进行更新和丰富。有些人宣讲了很多年，但每次倾听他们宣讲，我都会感觉非常新颖，原因就在于他们的宣讲内容在不断优化提升。

三是进行模拟实战训练。想要上台宣讲不怯场，还得多练习，做到熟能生巧。怎么练？要进行模拟实战训练。宣讲稿成熟后，要懂得一些基本的宣讲技巧，特别是肢体语言的运用技巧。可以经常对着镜子练，一边练习，一边观察自己的面部表情、眼神动作等，能够做到各种体态语言恰如其分，不夸张、不张扬，言谈举止给人以舒适感。当稿子记诵熟后，可以找个空旷的场所，比如野外、会议室等，进行模拟试讲，对一句一字、一个动作一个眼神进行认真的揣摩和拿捏。模拟即实战。模拟是什么样子的，实战便是什么样子的，这一环节不可或缺。

（四）参与宣讲，必须坚持党性原则、严守规矩纪律

党和政府的宣传阵地，必须姓党，必须抓在党的手里，必须成为党和人民的喉舌。基层宣讲，宣讲的形式是多种多样的，宣讲的内容是丰富多彩的，但所有宣讲员必须坚持党性原则，必须政治立场鲜明，严守规矩纪律，必须爱党、护党、为党，始终强化"四个意识"，坚定"四个自信"，做到"两个维护"，在思想上政治上行动上自觉同党中央保持高度一致。

基层宣讲的讲台，不管摆放在什么地方，面对哪些社会群体，都是严肃、神圣的，不容蒙尘或亵渎。讲台上的话筒，传播的必须是正能量、好声音。无论哪位宣讲员站在讲台前，绝不允许出现杂音，绝不允许在大是大非等原则性问题上立场摇摆，决不允许对党的理论和路线方针等存有质疑，绝不允许对中央方针政策和重大决策部署说三道四……所以，各基层单位要将那些有典型故事且有情怀、有温度、有正能量的人推荐为基层宣讲员，并严格审核宣讲内容，防止谬种流传。

三、基层宣讲员培养的步骤与过程

有的人之所以成为一名优秀的演说家，"诀窍"之一是得益于天生禀赋，即便即席演讲，也能文思泉涌、口若悬河。有的人能够成为一名优秀的朗诵家，"诀窍"之一是得益于上天赐予的嗓音，一张嘴声音就很美妙动听，如同天籁，余音袅袅、感心动耳。

但一个人若想成为一名优秀的宣讲家，恐怕主要得益于后天的培养与努力。基层宣讲员，特别是故事类宣讲员，应该有一个培养的步骤和过程。

以山东省为例，这些年一直在轰轰烈烈开展"新时代·中国梦"系列主题宣讲活动。如2022年确定的宣讲主题为"中国梦·新时代·新征程"，主办单位向全省相关单位下发关于在全省开展"中国梦·新时代·新征程"百姓宣讲活动的通知，明确指导思想、宣讲内容、宣讲形式、宣讲要求、时间安排和活动要求。这意味着，2022年主题宣讲活动启动。以下步骤与过程以故事类宣讲为例。

第一步，组织发动，推荐人选。各基层单位接到上级通知后，都要提高政治站位、强化责任担当，把本次宣讲活动纳入本部门、本单位全年工作计划，并且精心组织，广泛发动，强化宣传，营造氛围。

第二步，搜集材料，撰写稿件。这是一个艰难的过程。

这期间，被推荐者要认真搜集材料，虚心听取他人的意见和指导，认真撰写宣讲稿。至于如何才能撰写出高质量的宣讲稿，我将在下面的相关篇章中进行详细讲解。但有一个问题需要强调：在撰写宣讲稿前后，应该找一位有宣讲经验的老师指导一下，根据自身实际情况，确定宣讲故事、主题和思路。

第三步，层层选拔，逐级推荐。选拔和推荐，是培养优秀宣讲员的重要环节。如乡镇或街道办选拔优秀宣讲员向区县推荐，区县向市推荐，市向省推荐。各级各单位各部门在对上推荐宣讲员的同时，要本着优中选优的原则，组建自己的主题宣讲团，在辖区内广泛开展基层巡讲活动。

第四步，组织培训，强化训练。好稿子是修改出来的，好的宣讲效果是训练出来的。现实中，很多人害怕写文章，难以写出一篇好文章，而撰写一篇优质宣讲稿，则难上加难。上台宣讲，也是需要一定技巧的。所以，不管哪个单位或部门组建宣讲团，都应该组织培训，通过专家辅导，让宣讲员掌握更多的理论知识，熟悉时事政策，以此来提升自身宣讲的政治站位和大局观念；通过宣讲经验丰富的老师们的指导，帮助宣讲员优化宣讲文本、提升舞台表现力。

第五步，巡回宣讲，传播好声音。培养一支优秀的理论宣讲"轻骑兵",在巡回宣讲中传递正能量、传播好声音,是选拔和培训宣讲员的初衷和目的。在巡回宣讲阶段,相关部门要认真组织,宣讲员要积极响应、尽己所能参与巡回宣讲活动,将宣讲的触角延伸到基层的每一个角落,推动党的创新理论深入群众、深入人心。

第二讲
如何认识宣讲和演讲、朗诵的异同

　　演讲、朗诵和宣讲，都是宣传工作的重要组成部分，彼此之间有联系也有区别，绝对不能混同。有的人站在演讲或朗诵的舞台上，可能赢得掌声，获得比赛好名次，但站在宣讲台上，宣讲效果不一定好。一句话归纳：每个人都有自己的能力与特长，关键要"站对"舞台，就如在唱京剧的专场上，一位大咖上台唱了一段黄梅戏或山东梆子，谁都会感觉突兀。

一、演讲、朗诵和宣讲不能混同

有一年，济南市某区举办百姓宣讲比赛，邀请我担任评委。在20多名选手中，有一位小伙子表现得特别"亮眼"：他手持话筒站在讲台中间，肢体语言丰富，讲得声情并茂。讲完后走下讲台时，他还用力攥拳挥舞了几下，满脸自信，志在必得。

比赛结束后，主持人宣布比赛成绩，小伙子的成绩排在后几位。小伙子很诧异，沮丧地絮叨："这怎么可能？分数统计错了吧！我的比赛成绩怎么可能是倒数？"

听了他的抱怨，我真想对他说，评委打分公平，成绩统计也不会错，他应该得这样的低分。为什么？很简单！无论是从台上表现还是从所讲内容看，小伙子一直是在演讲，而不是宣讲。

在2022年济南市"中国梦·新时代·新征程"百姓宣讲比赛（预赛）现场，一位来自某高校的选手得分不高，他三番五次要求查看评委打分，作为承办方，我支持了他的诉求。面对白纸黑字的评委打分，他很困惑。

我终于沉不住气，把他叫到一边，耐心地向他解释："百姓宣讲，就是讲典型故事，通过小故事阐述大道理，通过典型故事传递正能量、传播好声音。宣讲效果如何，影响因素很多，比如宣讲的故事是否典型、内容是否契合主题、情节是否感动人等。刚才我在台下听了你的宣讲，你的确很会讲，普通话也很标准，演讲技巧也不错，假如这是演讲台，我相信你一定会得高分。但这是百姓宣讲台，你应该讲故事，讲真人真事真情感。可你讲的内容，几乎没有故事，也不契合主题，而且华丽的辞藻、煽情的成分太多。你这不是宣讲，是演讲，所以评委给出的分数不高。"

小伙子听了，说现在知道他得分不高的原因在哪里了。他说之前不知道宣讲是咋回事，以后好好了解一下，继续学习，明年再来。我说："欢迎你再来！"

诸如此类，绝非个例，现实中很多人分不清宣讲、演讲和朗诵的内涵与呈现方式，很容易将三者混淆。2022年5月27日，济南市委市直机关工委组织"中国梦·新时代·新征程"百姓宣讲比赛，我受邀担任评委。总体而言，参赛的35名选手表现比较优异，不过从内容和展示上看，有一些人是在演讲或朗诵，而不是宣讲。颁奖前，主办方让我点评全场比赛情况，以下是我的一段即席发言——

今天参加比赛的选手有获一、二、三等奖的，有获优秀奖的，大家的比赛成绩有差异，我认为与各位自身的素质与能力无关，主要与各位的讲稿有关。上台宣讲，我认为是七分稿子三分讲，宣讲稿没写好，一定讲不好。大家都是第一次宣讲，讲到这种程度已经很好了，我给大家点赞。

有几位选手的比赛成绩不理想，为什么？主要原因是你们是在演讲或朗诵，与今天组织的宣讲不符合。有一点得强调一下，分数低不代表你们的演讲或朗诵水平低。我们几个评委应该感谢你们，因为今天不仅倾听了一些选手的精彩宣讲，也聆听了几位选手的精彩演讲或朗诵，让我们在精神和艺术方面得到了双重享受……

演讲、朗诵和宣讲，都是思想宣传工作的重要组成部分，彼此之间有联系也有区别，绝对不能混同。有的人站在演讲或朗诵的台上，可能赢得掌声，获得比赛好名次，但站在宣讲的台上，宣讲效果不一定好。一句话归纳：每个人都有自己的能力与特长，关键要"站对"舞台，就如在唱京剧的专场上，一位大咖上台唱了一段黄梅戏或山东梆子，谁都会感觉突兀。今天是宣讲比赛，在这里呈现演讲或朗诵，自然不合时宜。

……

宣讲和演讲、朗诵是有区别的。但是多年来，基层单位推选宣讲员，往往先入为主，总是按照惯性思维推举有演讲或朗诵经验的人，而不是遴选各行各业有典型故事、事迹突出的人。到了比赛现场，那些颇具演讲范儿、朗诵范儿的选手往往会"意外"落选，而适合到基层宣讲的优秀者，往往又是凤毛麟角。

那么，演讲、朗诵和宣讲有何异同呢？我们不妨一起学习和了解一下。

二、演讲与朗诵的概念

（一）什么是演讲

不论是宣讲还是演讲，"口才"是基础。著名的寓言家伊索曾写过："舌头是科学的钥匙，真理和理智的武器……没有舌头，什么想法或思想都表达不出来。"这里的"舌头"当然是口才的代名词。

美国人在第二次世界大战时期把"舌头、金钱、原子弹"视为在世界上生存和发展的三大法宝。二战结束后又将"舌头、美元、电脑"列为最具力量的三大武器。这里的"舌头"指的还是口才！

"一言之辩，重于九鼎之宝；三寸之舌，强于百万之师"；"一言可以兴邦，一言可以误国"。孟子雄辩无敌、苏秦言动六国、诸葛亮舌战群儒、纪晓岚铁齿铜牙……这些名言警句以及历史典故，无不佐证口才的力量。

演讲，离不开优秀的口才。《演说与口才实用教程》前言中写道："一篇好的演说，或事实有据、逻辑严密，或慷慨激昂、豪气凌云，或声情并茂、引人入胜，或机智幽默、妙趣横生，或数者兼而有之，是以使人坚定对崇高理想之信念；是以使人增加知识，明白道理；是以动人心弦，催人奋发；是以使人欢乐，得到美的享受。"

还有人这样定义——演讲又叫讲演或演说，是指在公共场合，以有声语言为主要手段，以体态语言为辅助手段，针对某个具体问题，鲜明、完整地发表自己的见解和主张，阐明事理或抒发情感，进行宣传鼓动的一种语言交际活动。

比如，中国现代伟大的爱国主义者、坚定的民主战士闻一多的《最后一次讲演》，大家耳熟能详。

最后一次讲演（节选）

闻一多

这几天，大家晓得，在昆明出现了历史上最卑劣最无耻的事情！李先生（李公朴，笔者注）究竟犯了什么罪，竟遭此毒手？他只不过用笔写写文章，用嘴说说话，而他所写的，所说的，都无非是一个没有失掉良心的中国人的话！大家都有一支笔，有一张嘴，有什么理由拿出来讲啊！有事实拿出来说啊！（闻先生声音激动了）为什么要打要杀，而且又不敢光明正大地来打来杀，而偷偷摸摸地来暗杀！（鼓掌）这成什么话？（鼓掌）

今天，这里有没有特务？你站出来！是好汉的站出来！你出来讲！凭什么要杀死李先生？（厉声，热烈的鼓掌）杀死了人，又不敢承认，还要诬蔑人，说什么"桃色事件"，说什么共产党杀共产党，无耻啊！无耻啊！（热烈的鼓掌）这是某集团的无耻，恰是李先生的光荣！李先生在昆明被暗杀，是李先生留给昆明的光荣！也是昆明人的光荣！（鼓掌）

去年"一二·一"昆明青年学生为了反对内战，遭受屠杀，那算是青年的一代献出了他们最宝贵的生命！现在李先生为了争取民主和平而遭受了反动派的暗杀，我们骄傲一点说，这算是像我这样大年纪的一代，我们的老战友，献出了最宝贵的生命！这两桩事发生在昆明，这算是昆明无限的光荣！（热烈的鼓掌）

反动派暗杀李先生的消息传出以后，大家听了都悲愤痛恨。我心里想，这些无耻的东西，不知他们是怎么想法，他们的心理是什么状态，他们的心怎样长的！（捶击桌子）其实很简单，他们这样疯狂地来制造恐怖，正是他们自己在慌啊！在害怕啊！所以他们制造恐怖，其实是他们自己在恐怖啊！特务们，你们想想，你们还有几天？你们完了，快完了！你们以为打伤几个，杀死几个，就可以了事，就可以把人民吓倒了吗？其实广大的人民是打不尽的，杀不完的！要是这样可以的话，世界上早没有人了。

　　你们杀死一个李公朴，会有千百万个李公朴站起来！你们将失去千百万的人民！你们看着我们人少，没有力量？告诉你们，我们的力量大得很，强得很！看今天来的这些人，都是我们的人，都是我们的力量！此外还有广大的市民！我们有这个信心：人民的力量是要胜利的，真理是永远存在的。历史上没有一个反人民的势力不被人民毁灭的！希特勒，墨索里尼，不都在人民之前倒下去了吗？翻开历史看看，你们还站得住几天！你们完了，快完了！我们的光明就要出现了。我们看，光明就在我们眼前，而现在正是黎明之前那个最黑暗的时候。我们有力量打破这个黑暗，争到光明！我们的光明，就是反动派的末日！（热烈的鼓掌）

　　……

点　评

　　1946 年 7 月 11 日，闻一多的挚友、著名的爱国民主运动领袖李公朴惨遭国民党特务杀害。为了伸张正义、声讨国民党反动派的罪行，7 月 15 日，闻一多不顾劝阻，冒着生命危险，毅然参加了李公朴的追悼会，并发表即席演讲。《最后一次讲演》是用鲜血和生命写成的深切吊唁战友的悼文，也是愤怒声讨敌人的战斗檄文。据目击者唐登岷撰写的《回忆民主战士闻一多先生》一文中记载："闻先生的演讲激昂慷慨，人们屏息静听，至公堂静得只闻先生洪亮的声音载着烈火一样的语言在回响，或者就是暴风雨般的掌声震撼屋宇。整个气氛简直使那些混迹其间的特务分子无容身之地。"当天下午，闻一多先生被国民党特务暗杀。

《最后一次讲演》一文体现出几个鲜明的特点：一是充满昂扬的情绪，自始至终都洋溢着炽热的爱国之情。二是采用了较多的责问和反诘的语句。这些语句铿锵有力、雷霆万钧，使在场的特务胆战心惊。三是穿插了不少简练而精彩的警句。这些警句大气磅礴、正义凛然，读之使人深受感染。

这就是演讲的魅力！

（二）什么是朗诵

朗诵，指清清楚楚地高声诵读，是把文字作品转化为有声语言的创作活动。朗，即声音清晰、响亮；诵，即背诵。朗诵，就是用清晰、响亮的声音，结合各种语言手段来表达作品思想感情的一种语言艺术。

有人这样认为：演讲是社会实践活动，侧重于宣传鼓动；朗诵属于表演艺术，侧重于欣赏。

演讲的选题有其现实性和时代性，通常要与社会热点以及社会的重大问题相结合，综合进行选择。朗诵可选择的文体比较宽泛，如诗词、小说、散文等。

听演讲时，你要竖起耳朵，捕获演讲者的每一句话，甚至需要去读懂演讲者的表情、眼神和动作，在思想和心灵上与演讲者实现"同频"。而听朗诵，你可以心情舒畅地背靠沙发，微微闭上眼睛，轻松享受音乐和朗诵的美妙"和糅"。面对优秀朗诵者，你甚至可以听不懂朗诵内容，但你一定会陶醉于这种意境之中。

比如，在《2022 中国诗词大会》现场，有一个令人难忘的瞬间：一位 17 岁的听障女孩，与母亲在诗词大会的舞台上，自信地朗诵《将进酒》。这场特别的手语版诗朗诵，令不少人感动落泪。

将进酒

君不见，黄河之水天上来，奔流到海不复回。

君不见，高堂明镜悲白发，朝如青丝暮成雪。

人生得意须尽欢，莫使金樽空对月。

天生我材必有用，千金散尽还复来。

烹羊宰牛且为乐，会须一饮三百杯。

岑夫子，丹丘生，将进酒，杯莫停。

与君歌一曲，请君为我侧耳听。

钟鼓馔玉不足贵，但愿长醉不复醒。

古来圣贤皆寂寞，惟有饮者留其名。

陈王昔时宴平乐，斗酒十千恣欢谑。

主人何为言少钱，径须沽取对君酌。

五花马，千金裘，呼儿将出换美酒，与尔同销万古愁。

三、宣讲与演讲、朗诵的区别

宣讲具有强烈的政治性、思想性、组织性和纪律性，是一种服务于特殊目的的演讲活动。也就是把特定内容传递给受众，以达到"影响他们的态度、信仰和行为的目的"。所谓"特定内容"，就是党的好理论、好政策、社会主义核心价值观，以及各级党委政府的工作大局、中心工作等。如党的十八大、十九大、二十大精神宣讲，乡村振兴、"三牛"精神宣讲，爱岗敬业、孝老爱亲、红色基因传承宣讲等。

宣讲与演讲具有一些共同属性，但也有明显差别。比如，在表现形式上，演讲是"演＋讲"，但二者不是平分秋色，以讲为主，以演为辅，两者相互交织、相互渗透、相互促进。演讲比较注重情绪，姿态、声调会比较夸张。宣讲是"讲＋宣"，是以说理为主，表演的成分会有一点，但不能夸张。从内容上分，演讲有政治演讲、生活演讲、学术演讲、法庭演讲和宗教演讲等，说理、抒情的内容很多，故事性比较弱；而宣讲，内容上侧重于理论、政策和典型事迹等方面的宣传，具有极强的政治性、思想性和教育性，主要是通过宣讲典型故事，寓"情"于故事、寓"理"于故事，不允许任何的艺术加工或推理演绎。从语言上看，演讲更讲究是否具有华丽的辞藻、诗情画意的语句、一气呵成的气势、高亢嘹亮的口号；而宣讲，要用大众化的语言进行朴实真诚的表达，蕴含理论的高度、思想的深度和视野的宽度。

宣讲与朗诵的区别在于：在内容上，宣讲讲的必须是真人真事真情感；朗诵的可以是诗歌、散文、小说片段、个人习作等。在表现手段上，宣讲要用群众听得懂的故事来阐释大道理，以实现引领人、教育人的目的。而朗诵可以配乐，甚至还可以配舞，通过嗓音、音乐甚至舞蹈，让人尽情享受艺术之美。

总之，宣讲、演讲和朗诵，在内容、体裁、表现形式上都有着本质的区别，三者不能混谈。在宣讲的讲台上，我们一定要讲好故事、传递好声音，假如夹杂着演讲和朗诵，就显得不伦不类，让受众感觉莫名其妙，宣讲的效果势必大打折扣。

综上所述，想要参与宣讲，一定要准确评估稿件内容及其表现形式，是否与演讲或朗诵混为一谈了。所以，宣讲前，我建议先向熟悉或了解宣讲工作的人请教，这样可以少走弯路，起码能够知道宣讲稿撰写的方向。

　　演讲、宣讲是否有明确区别？宣讲是否算演讲的一种形式？在实践中是有争论的。有人认为，演讲和宣讲在本质上是一回事，不能刻意区分，因为演讲也是要讲故事、阐释道理的，与宣讲的目的殊途同归。我们权且放下争论，平心静气地观照现实：演讲与宣讲在内容和表现形式方面日渐趋同——讲故事的多了，抒情的少了；阐释道理的多了，口号式的语言少了；真诚的讲述多了，夸张的艺术表演少了。这，是一个不争的事实。

　　我的观点，二者可以趋同，但宣讲不能成为演讲。

第三讲
如何区分宣讲的种类

　　基层宣讲的种类很多，如理论宣讲、政策宣讲、百姓宣讲、劳模宣讲等，总体而言，不同种类宣讲的目的是一致的，只是在内容上有所侧重。我认为，只要把握好了故事类宣讲，即百姓宣讲技巧，其他种类的宣讲就能触类旁通、迎刃而解。

　　什么是百姓宣讲？就是通过讲"小故事"阐述"大道理"；就是讲自己的事、身边人的事、行业的事，传递正能量，传播好声音，凝聚社会共识，来影响受众的思想、行为和价值观。本书侧重于解剖故事类宣讲，兼顾其他种类宣讲。

理论宣传是宣传思想工作的重要组成部分，理论宣讲又是理论宣传工作的重要组成部分。这些年，理论宣讲在全国"遍地开花"，呈现出不可挡的"燎原之势"，积极推动了马克思主义中国化、时代化、大众化，真正让党的创新理论"飞入寻常百姓家"，并迸发出磅礴的精神伟力。

一、理论宣讲的种类

谈到演讲，根据演讲活动的性质和特点，可以把演讲分成很多类型：从演讲内容上分，有政治演讲、生活演讲、法律演讲、学术演讲、教育演讲、军事演讲、生意演讲、公共关系演讲、宗教演讲和外交演讲等，这是对演讲最基本的分类；从演讲形式上分，有命题演讲、即兴演讲和论辩演讲等；从演讲目的上分，有说服性演讲、鼓动性演讲、传授性演讲、娱乐性演讲等；从演讲场合上分，有课堂演讲、法庭演讲、教堂演讲、战地演讲、广播演讲和电视演讲等；从演讲表达方式上分，有叙述式演讲、议论式演讲、说明式演讲、抒情式演讲……总之，演讲的类型多种多样，它的分类没有固定不变的规定，但每种分类都必须使用同一角度、采用同一标准。探讨演讲的分类，了解各种演讲的性质与特点、区别与联系，是演讲学研究的一个重要课题，对人们参加演讲实践具有一定的指导意义。

较之演讲分类，宣讲种类的区分是宏观的，而不是具体的。但和演讲一样的是，不同类别的宣讲，角度选择、内容选取和标准设定也会有所不同。一个人参加宣讲时，必须充分了解参加的是哪一类宣讲，只有这样，宣讲才能有的放矢，讲出质效。

从宏观看，理论宣讲包括集中性理论宣讲和常态化理论宣讲。

（一）集中性理论宣讲

集中性理论宣讲主要是针对学习贯彻中央重要会议精神开展，具有大规模、大场面、高频次的特点，有助于在全社会迅速兴起学习贯彻中央决策部署的热潮。每逢党的重要会议召开，中央和地方几乎都要组织宣讲团，进行集中性宣讲。如党的十八大、十九大、二十大召开以后，中央以及各级地方党委分别成立宣讲团，由宣传部门牵头，从讲师团、党校、社科院、高校、企业等抽调专家学者分层次、分行业、分地区、分类别开展巡回宣讲，对会议精神进行深入解读，把党的最新决策部署迅速送到广大干部群众手中，形成规模、形成声势，营造良好的学习氛围。

比如，党的二十大闭幕后，山东省向基层宣讲党的二十大精神。2022 年 12 月 5 日《光明日报》刊文：

山东：宣讲接地气 百姓有底气

光明日报记者 赵秋丽 冯帆

前不久，刚吃过晚饭，山东省淄博市博山区源泉镇岱北村的新时代文明实践宣讲员许茂孝带上学习资料，来到村集体合作社君子兰种植大棚里，给村民宣讲党的二十大精神。

"党的二十大报告指出，巩固和完善农村基本经营制度，发展新型农村集体经济。今年我们村里新建的这几个君子兰和西红柿种植大棚，销售都很不错，村集体收入增加了，村民也都挣了钱。"许茂孝一边宣讲精神，一边和村民们交流自己的切身体会。

为让理论宣讲"接地气"，群众能听得懂、记得住、用得上、起共鸣，博山区发挥新时代文明实践站、"裕禄讲堂"阵地作用，以村级党组织书记、乡贤能人、"五老"志愿者等为宣讲骨干，结合农村发展变化，灵活开展"小微"宣讲活动。截至目前，博山区开展"裕禄讲堂——共话党的二十大 逐梦发展向未来"宣讲220余场，受众达14000余人次。

连日来，山东各级各地各单位纷纷结合实际，以多种多样的形式在基层广泛开展宣讲，充分发挥新时代文明实践中心、讲堂、广播、电视、网络等平台优势，深入开展对象化、分众化、互动化宣讲。

进田间地头、进工厂社区、进高校院所，宣讲不受场所和形式限制，利用村民农闲时间开设"小院夜话"，用原汁原味的方言、绘声绘色的讲述，深入浅出地把党的二十大精神讲清楚、讲明白、讲透彻，推动学习贯彻党的二十大精神落实落地、入脑入心。

此外，在重大时间节点，围绕重大历史事件、重大纪念活动也要适时开展理论宣传，引导广大干部群众知古鉴今，增加重大主题宣传的理论深度。比如，开展党史学习教育，实施"一十百千万"宣讲工程，即一个阵地、十项活动、百名典型、千个站所、万场宣讲……党史学习教育开展以来，各地以"一十百千万"行动为依托，充分发挥部门职能作用，突出宣传文化特色，突出学用结合，用心用力推动党史学习教育走深走实。

还有，地方党委召开完一些重大会议，也要组织党政干部、专家学者开展宣讲活动，对会议精神进行解读和宣传，把会议精神传达给各级党政干部和党员群众。

比如，2022 年 6 月 30 日，山东新闻联播播报了这则新闻——

连日来，学习贯彻（山东）省第十二次党代会精神省委宣讲团到东营、胜利油田、济宁宣讲。

省委宣讲团成员，省生态环境厅党组副书记、副厅长侯翠荣在济宁宣讲。从准确把握新时代社会主义现代化强省建设重点任务等六个方面深入解读和深刻阐释，就如何做好生态环境工作进行了系统辅导。

省委宣讲团成员，省生态环境厅党组副书记、副厅长侯翠荣："报告符合中央精神，契合山东实际，充分反映全省广大共产党员和人民群众的共同意志，是指导山东省今后五年全省工作的纲领性文件。"侯翠荣还深入企业与基层职工代表互动交流。

（二）常态化理论宣讲

常态化理论宣讲与集中性理论宣讲相辅相成、互为补充，是推动党的创新理论深入基层干部群众，打通基层理论宣传"最后一公里"的有效途径。常态化理论宣讲，就是全面准确及时解读习近平总书记最新重要讲话、重要指示批示精神，开展习近平新时代中国特色社会主义思想的宣传普及工作，引导基层广大干部群众掌握这一重要思想的核心要义、精神实质和实践要求，不断增强人民群众对这一重要思想的政治认同、思想认同、情感认同。就是聚焦基层干部群众关心的热点难点问题开展宣讲，进行有针对性、有说服力的回答，科学解读党和政府采取的政策措施，深入阐明对群众的相关利益安排，既讲怎么看又讲怎么办，既解理论之渴又解思想之惑，有效引导预期、理顺情绪、凝聚共识。就是以活动为抓手推动常态化宣传，组建以不同内容为主题的宣讲队伍，在基层开展广泛的宣讲活动等。

这些年，全国面向基层开展对象化、分众化、互动化、通俗化宣讲活动，根据不同受众的认知特点和接受习惯，推出各种有针对性的理论产品，实现精准传播、有效覆盖，逐步构建起立体式、全方位的基层宣讲大格局。

根据常态化理论宣讲的性质和特点，可以把其分成很多类型——

一是按宣讲主体分，主要有专家学者宣讲、领导干部宣讲、基层群众宣讲、先进劳模宣讲、"五老"人员宣讲、文艺骨干宣讲、志愿服务者宣讲、青年学生宣讲等。

二是按宣讲内容分，主要有理论宣讲、"四史"宣讲、政策宣讲、红色宣讲、法律宣讲、廉政宣讲、安全宣讲等。

三是按宣讲组织分，主要有地方组织部开展的优秀公务员集体或先进公务员事迹宣讲，地方工会组织开展的劳模宣讲，地方共青团组织开展的青年宣讲，地方妇联组织开展的巾帼宣讲，高校组织开展的理论宣讲等。

四是按宣讲形式分，有曲艺宣讲、视频宣讲、现场宣讲、微宣讲、云课堂宣讲等。基层宣讲是常态化理论宣讲的主要表现形式。

除此之外，一些地方机关党工委组织开展的"我来讲党课"、地方团委组织开展的"青年理论学习分享"等，从根本上讲，也应该归属于基层宣讲。

在山东省开展的诸多宣讲活动中，覆盖范围最大、参与人数最多、社会影响力最大的当属"中国梦"系列百姓宣讲活动。把话筒交给群众、把舞台让给群众、把镜头对准群众，让身边人讲身边事、用身边事教育身边人。党的十八大以来，山东省委宣传部、省委讲师团精心谋划做好面向基层宣讲这篇大文章，连续成功举办了十届"中国梦"系列百姓宣讲活动，截至2022年9月累计组织宣讲比赛1.5万余场，30余万人次参赛，组建5000余支宣讲队伍，开展巡回宣讲3.5万余场。十年来，百姓宣讲在推动党的创新理论大众化方面发挥着重要作用，已成为全省广大干部群众了解、掌握党的理论创新成果和形势政策的新途径。

在全国各地，基层宣讲工作已经构建起"纵向到底""横向到边"的新时代理论宣讲大格局，从地方党委政府到社会各行各业，从城市到乡村，从模范典型人物到普通群众，从老年人到中小学生……基层宣讲"无时不有、无处不在"，他们将党的理论政策与行业具体相结合，对不同的社会群体进行宣讲，推进基层宣讲进企业、进学校、进机关、进农村、进社区、进网络。

二、特色宣讲品牌异彩纷呈

这些年，全国各地在开展形式多样、轰轰烈烈常态化宣讲的同时，特别重视打造特色宣讲品牌。各地陆续涌现出来的宣讲品牌可谓异彩纷呈，俯拾皆是。比如在山东，淄博市的"明理胡同""沂源红"，烟台市的"习语润心"，聊城市的"红色挎包"……各地结合自身实际组建特色宣讲队伍，打造特色宣讲品牌，形成"市市创品牌、县县有特色、镇镇抓落实、村村搞宣讲"的生动局面，真正让宣讲之花开遍齐鲁大地。

在基层宣讲方面，济南一直走在山东省的前列。理论只有被群众掌握，才能焕发出巨大的力量。这些年，济南一直凝心聚力打造"理响泉城"理论平台，其中包括打造"理响泉城"理论品牌矩阵。

2020年12月，济南市委宣传部聚合多方理论资源，综合运用融媒体传播手段，打造了"理响泉城"理论平台。2022年8月17日，济南正式推出"理响泉城"品牌矩阵，发挥省会人才资源优势、媒体融合优势，聚合全市理论宣传资源，把"理响泉城"打造成为新时代理论工作的"强阵地"，使之成为创新活动"策源地"、优质作品"丰产地"、专家人才"聚集地"、理论转化"试炼地"，不断提升党的创新理论的传播力、引导力和渗透力。

目前，"理响泉城"理论平台逐渐构建起市、区县、镇街、宣讲点四级联动的品牌矩阵，以"理响泉城"总品牌作为全市统领，市级层面先后成立了领导干部、专家学者、基层党组织书记、青年、先进模范、美德健康新生活、志愿服务、优秀传统文化、红色宣讲等宣讲队伍，宣讲成员15000余人。在"理响泉城"总品牌的统领下，各区县（功能区）分别推出各具特色的"理响泉城"子品牌，分别是：历下区"理响大篷车"、市中区"理响市中"、槐荫区"理响满槐"、天桥区"桥言新语"、历城区"美德历城"、长清区"清声话语"、章丘区"方桌会"、济阳区"理润济阳"、莱芜区"娓娓道莱"、钢城区"百宣成钢"、平阴县"玫好平音"、商河县"秧歌红"、高新区"新思享"、南部山区"声动南山"、起步区"理响起步"等宣讲子品牌。除此之外，各区县、镇街、社区等层面，也打造出很多闻名遐迩的宣讲品牌，比如济阳区"七色花"、莱芜区"六级联动"、南部山区"'小马扎'初心讲堂"等。

章丘区的"方桌会"因为寓情于讲、寓乐于讲、寓教于讲，使党的理论传播更加通俗化、更加接地气、更有互动性，让"群众听得懂""群众听得进""群众真受益"，获得了中央电视台"新闻联播"、中共中央党校主管主办的《学习时报》，以及中共中央宣传部的"点赞"。仅在2022年，人民网、新华网、新华社《山东智库报告》、"学习强国"

山东学习平台、山东宣传工作、"宣讲时间"微信公众号等国家、省级重要媒体平台就发布了上百条济南市宣讲典型经验做法。

依托这些宣讲品牌，济南市坚持把宣讲工作视角聚焦基层、对准群众，以小切口反映大时代，挖掘了大量生动鲜活的感人故事和可敬可学的身边榜样，涌现出一大批优秀的宣讲员，如济南的高淑贞、房泽秋、张保国、王本珍、刘云香、董丹、陈国瑞等，创新出一大批基层宣讲品牌，蹚出了一条具有区域特色的基层宣讲路子。另外，济南市还不断创新宣讲形式，坚持"线上＋线下"多渠道发力，创新推出"理响泉城云学堂""理响快讲短视频"等多种形式，打造"理响泉城基层论坛"，让理论宣讲沾泥土、带露珠、冒热气、扬正气，把济南好声音传递给基层党员干部和全体市民，凝聚起了加快建设新时代社会主义现代化强省会的磅礴力量。

三、把握百姓宣讲是弄通他类宣讲的"钥匙"

宣讲种类不同，但目的是一致的，只是在内容上有所侧重。我认为，只要把握好了故事类宣讲即百姓宣讲技巧，其他种类的宣讲就能触类旁通、迎刃而解。

什么是百姓宣讲？就是通过讲"小故事"阐述"大道理"；就是讲自己的事、身边人的事、行业的事，传递正能量，传播好声音，凝聚社会共识，来影响受众的思想、行为和价值观。现在，我撰写的《基层宣讲十讲》侧重于解剖故事类宣讲，兼顾其他种类宣讲。这是为什么呢？

（一）百姓宣讲，人人都可以宣讲，但成为优秀宣讲员并非易事

百姓宣讲员，大多来自基层一线。他们的年龄、工作性质、人生阅历各不相同，但他们能够将新时代党的创新理论与自己的亲历、亲闻、亲为相结合，把"大道理"转化为生动的"小故事"，让听众在轻松愉悦的氛围中学理论、悟理论、懂理论、信理论。

与此同时，我们也要看到，选拔优秀的宣讲员也并非易事。最近十年，每逢"中国梦"系列百姓宣讲开赛，一些基层单位报名参赛的人动辄数以百计、千计，但最终遴选出来的优秀宣讲员，数量还是很有限的。因为故事类宣讲涉及的要素很多，要有理论、有故事、有鲜明的主题、有良好的开头结尾……假如其中任何一个要素实现不了，就很难达到"一分钟吸引人、三分钟感染人、五分钟打动人、七分钟启发人"的宣讲要求与效果。

比如，一些干部群众平时工作在基层，不太注重理论

政策学习，在撰写稿件时容易"为故事而故事"，将宣讲稿写成故事的堆砌，而没有能力对标和升华主题。再如，很多基层干部群众平时很少动手写文章，突然要拿起笔写宣讲稿，确实很吃力，即便使出洪荒之力，也难以写出一份高质量的宣讲稿。

总之，一个基层宣讲员，除了自身有典型故事之外，还要提笔能写、张嘴能讲，还能讲出好效果。所以，要想成为一名优秀宣讲员，没有任何捷径，必须学习学习再学习，必须下大功夫撰写稿件和训练宣讲，这样才能磨练出一个"硬笔头"和一张"铁嘴"。

（二）与百姓宣讲相比，理论宣讲、政策宣讲、曲艺宣讲等属于"专业的人干专业的事"

专家讲理论，专家原本具有深厚的理论功底，并且"术业有专攻"，高屋建瓴地阐释理论那是他们信手拈来的事；干部讲政策，干部原本就是"政策通"，深入浅出地讲政策对他们而言那是"小菜一碟"。曲艺宣讲，宣讲员起码都是曲艺爱好者，有一定的文艺细胞和功底，再加上熟练的表演技巧，曲艺宣讲是他们的"拿手好戏"。

而参加百姓宣讲的宣讲员，主要来自社会的各行各业，有机关干部、教师、医护人员、警察、环卫工人、入殓师、村干部、创业者等，他们中间大多数人缺乏文字功底，缺乏舞台表现技巧，一切都是"零基础"。所以，他们要想写出一篇优秀的宣讲稿，并且在台上能够举止得体、娓娓道来，恐怕绝非易事。

（三）讲故事是宣讲的最佳方式，各类宣讲归根结底都是"理论＋故事"

2016年2月19日，习近平总书记在党的新闻舆论工作座谈会上强调："讲故事，是国际传播的最佳方式。要讲好中国特色社会主义的故事，讲好中国梦的故事，讲好中国人的故事，讲好中华优秀文化的故事，讲好中国和平发展的故事。讲故事就是讲事实、讲形象、讲情感、讲道理，讲事实才能说服人，讲形象才能打动人，讲情感才能感染人，讲道理才能影响人。要组织各种精彩、精练的故事载体，把中国道路、中国理论、中国制度、中国精神、中国力量寓于其中，使人想听爱听，听有所思，听有所得。"

同样，讲故事也是基层宣讲的最佳方式。百姓宣讲是基层理论宣讲的一种，其突出特点是"理论＋故事"——既要讲好理论，也要讲好故事，通过讲故事寓"情"于故事、寓"理"于故事。道理要深刻，故事要典型，宣讲要感人，百姓宣讲几乎囊括了所有种类宣讲应具备的元素。以此类推，其他种类的宣讲，内容无非也是"理论＋故事"，只不过，不同种类的宣讲，还是有所区别的。专家学者讲理论，侧重点是理论解读和阐释，但为了便于让受众理解和认识，宣讲时应该引经据典，穿插一些典型故事。

比如宣讲"半条被子"的红色党史故事，就可以生动、形象地阐述"人民至上"的执政理念——

故事的发生地，在湖南省郴州市汝城县文明瑶族乡沙洲瑶族村。1934年11月，中央红军长征途中，各个军团陆续抵达汝城县文明圩，驻扎在文明、沙洲等地，并在此休整。三位疲惫不堪的女红军借宿在沙洲村瑶族村民徐解秀家。

这是一户赤贫的家庭：破旧的茅屋里，一张用楠竹钉成的床架，几乎是家里唯一的大件家具。床上垫着稻草、铺着破席，盖的是一堆烂棉絮，连一条完整的被子都没有。

女红军们的行装里，有一条被子。晚上，徐解秀就和三位女红军合盖这一条被子，挤在唯一的楠竹床上，而男主人则睡在门口的草堆上守护着她们。

三位女红军与徐解秀同吃同住同劳动，帮着徐解秀烧火煮饭，空闲时还给徐解秀夫妇讲革命道理。几天后，女红军们要上路了，她们决定把被子留给这户贫苦的人家，但徐解秀夫妇说什么也不肯接受。争执间，一位女红军从背包中摸出一把剪刀，把被子剪成了两半，将半条被子留给徐解秀，并对她说，等革命成功

49

以后，一定要送她一条完整的新被子。接过半条被子，徐解秀一句话也说不出，眼泪哗哗地流了下来……

后来，革命胜利了，国家富强了，徐解秀家也丰衣足食了，但那半条被子的热度，一直温暖着徐解秀的内心。徐解秀等了几十年，一直没等回那三位女红军。

再如，有人参加"我来讲党课"活动，这个党课怎么讲？也应该是"理论＋故事"，夹叙夹议：围绕特定的党课主题，在深刻阐述理论的同时，讲好与主题关联密切的典型党史故事。

比如，在2022年"我来讲党课"活动中，来自济南战役纪念馆的杨珊珊宣讲的《致敬英雄》：

在惨烈的济南战役中，我军伤亡2.6万人，有很多烈士都是无名英雄。

习近平总书记曾讲过一个故事——长征路上的军需处长。军需处长叫什么名字？无人知道。二万五千里长征路上，红一方面军出发人数约8.6万，到达人数只有7000左右，平均每300米就有一名红军牺牲。这些英雄留下名字的，少之又少。是什么力量让红军用脚走完二万五千里长征的？我想起邓榕与父亲邓小平的对话。邓榕问："长征的时候，您都干了些什么工作？"邓小平的回答只有三个字："跟着走。"

"跟着走"，就是"跟党走"。信念坚定，坚如磐石。英雄的名字无人知晓，但他们的功勋光照史册。

不知道各位是否听说过这样一组数据，据不完全统计，在革命战争时期，我国约有2000万名烈士英勇牺牲，但目前，全国有名可考、登记在册的仅有196万余人。屈指算来，每10名烈士中就有9人是无名烈士。他们姓甚名谁？故乡在哪里？亲人是谁？我们无从知道。但他们有着一个共同的信念，叫"跟党走"；拥有一个共同的名字，叫英雄。

总之，讲故事是为了更好地阐释理论，能够让深奥的理论变得更加形象立体、浅显易懂、引人入胜。假如只讲理论政策，不通过讲故事予以呈现，宣讲起来容易枯燥无味，会让受众听不懂、听不下去，自然也就难以入脑入心。

（四）百姓宣讲的故事不仅充满正能量，而且可比可学可复制

比较于其他种类的宣讲，参加百姓宣讲的大多是普普通通的工作人员，他们做着过去在做、现在在做、将来依然会做的事情。无论是干部党员还是普通职工，每一个人都会觉得他们的事迹是可以直接学习、能够"模仿"的。不同于有的英雄模范事迹，比如革命烈士的事迹，有的人可能觉得离我们的生活比较远，只可以把他们作为一个目

标、一个自我修养的方向，只能学习他们的精神和意志，学习他们的理想和信念，但具体的言行就不一定能够复制了。但是百姓宣讲的故事，却就在当代、就在身边，每一个人都可以去学，都可以在工作和生活中去做。无论是主人公的精神还是态度，包括对人民、对工作、对事业、对家庭、对他人的热爱，都可以作为具体的榜样。人人都可以把宣讲中受到的鼓舞内化为自己的工作精神、生活道德，外化到日常工作和生活的言行中。宣讲的故事里都有一个主角，实际上，生活中每个人都是自己生命的主角，人人都可以在鼓舞中接力故事中的真善美，接力他们的精神和信仰，接力他们的担当和敬业，在人生的旅途中，谱写好、诠释好自己的绚丽篇章。这也正是百姓宣讲重大社会意义的现实呈现。

总之，不同种类的宣讲，稿子写法不同，讲法也不尽相同。在实践中，我们参加宣讲，必须对所参加的宣讲种类有所认识，然后才能在撰稿和宣讲时有的放矢、有针对性，从而达到事半功倍的效果。

第四讲
如何写好宣讲稿

如何取得比较好的宣讲效果？我认为：七分"剧本"三分讲。

"剧本"就是宣讲稿，"讲"就是舞台宣讲。

一篇优秀的百姓宣讲稿，除了良好的文字表达之外，整体框架构成起码应该具备以下几个元素：一个好标题、一个好主题、一个好开头、几个好故事、一个好结尾。

一、撰写宣讲稿应注意的几个问题

如何取得比较好的宣讲效果？我认为：七分"剧本"三分讲。

"剧本"就是宣讲稿，"讲"就是舞台宣讲。

拍摄一部电影，收视率高不高，与谁来当演员不无关系，但更重要的是，应该有个好剧本。假如剧本内容平淡无奇，缺少故事性、戏剧性和思想性，那么即便有再多的好演员参演，恐怕都难以逃脱"烂片"的讥讽和票房惨淡的命运。好剧本，能成就籍籍无名的小演员；差剧本，能让大名鼎鼎的演员声名狼藉。

上台或走进群众中宣讲，都必须有一个好"剧本"，否则，即便有再好的宣讲禀赋也是枉然。

在演艺界有一句俗语：台上一分钟，台下十年功。精湛的演技是靠多年的历练与沉淀锤炼而成的，不可能是轻轻松松得来的。如何宣讲出好的效果？秘诀之一，就是要狠下功夫，写出一篇好的宣讲稿。比如，要善于思考，不断挖掘和取舍自己或身边人的故事；要多方求教，深入了解撰写宣讲稿的方法和技巧，甚至参加宣讲培训，不断润色，提升宣讲稿质量等。

在现实中，宣讲员在撰写宣讲稿时应注意以下几个问题。

（一）撰写文章是一项"硬功夫"，有人不会写

很多人对文字撰写甚感头疼，即便是写一篇工作总结、思想汇报，恐怕都要绞尽脑汁、大费周折。基层宣讲员大多来自基层各行各业，其中一些人的文化层次并不高，让他们写出一篇高质量宣讲稿，的确是一件不容易甚至不可能的事。

在每一次的宣讲骨干培训班上，总会有一些人面对撰稿束手无策。他们自身有故事，甚至很典型，他们也知道应该撰写的宣讲内容有哪些，但提笔却无从下手，根本不知道怎么写。说得直接、简单一些，有些人不具有写作的能力，根本写不了宣讲稿。所以，在培训期间，对于这一部分学员，除了辅导导师"手把手"指导外，再就是依靠一些热心学员"助力"——他们与受助的宣讲员一起挖掘故事、对标主题、梳理思路，共同完成一篇宣讲稿的撰写工作。

这就引申出一个新话题：一些基层党员干部群众有故事、有事迹，但不会写宣讲稿。在这种情况下，自己找人，或者单位找人"代笔"是否可以？我认为未尝不可。实践中，很多基层宣讲员的优质宣讲稿就是别人"代笔"的。但须强调一下，"代笔"是在代写者与宣讲员充分沟通交流的前提下，写出宣讲员的典型故事、真挚感情和想要表达的主题，代写者不能随意附会和杜撰。

（二）基层宣讲是有标准的，有人不掌握

宣讲是什么？很多人不甚了解，撰稿时自然无的放矢、没有方向，往往凭借主观判断写出一些五花八门的东西。比如，有的把宣讲稿写成抒情式朗诵稿，有的写成内容空洞的演讲稿，有的干脆写成工作总结或汇报等。其共性就是缺少鲜明主题，缺少典型故事，缺少缜密逻辑，缺少生动语言。故宣讲时，理论不深刻，思想不深邃，故事不感人。

宣讲时间一般控制在8—15分钟。宣讲要做到一分钟吸引人、三分钟感染人、五分钟打动人、七分钟启发人。要达到这个标准，撰稿难上加难。有些宣讲员不愁讲，但愁写。然而稿子写不好，焉能讲好？！

（三）基层宣讲不是"故事会"，有人不了解

讲述小故事，阐释大道理——这是百姓讲故事追求的目的。讲故事，不能为故事而故事，不能仅仅将一堆故事进行简单罗列，而不进行理论阐述和提升。宣讲没有主题，也就没有了灵魂，没有了灵魂，罗列再多的故事，也无法实现宣讲的目的和意义。宣讲会不同于故事会：故事会就是讲故事；而宣讲会讲的是故事，传递的是道理，目的在于教育人和引领人。

对于宣讲，我们一定要知道，不管哪一种类的宣讲，归根结底都是理论宣讲。

（四）宣讲内容不能虚构杜撰，这是底线

一个人能否写好宣讲稿，能否宣讲出好效果，还真得"打铁必须自身硬"。"硬"，就是自身或被讲述对象有"硬故事""硬事迹"，宣讲之后，听众的确能从中受到启发和感召，汲取正能量。这些年，我发现了一些不正常的现象，个别宣讲员撰写的稿件，存在抄袭、夸张和虚构问题。有的人奉行"拿来主义"，直接抄袭其他人的宣讲稿；有的人将别人的故事直接"嫁接"到自己身上；有的人将一些子虚乌有的故事"安放"在自己身上……这些做法都是不允许的。宣讲不同于写小说、写剧本，所以必须讲述真人真事真感情，不能夸张、虚构和演绎，更不能抄袭。

这些年，有些人参与某些单位组织的宣讲比赛，不管是哪一种类的宣讲，首先困扰他们的是讲什么、宣讲稿怎么写。对此，每一年总有不少人直接或间接地向我"求教"。有的人还把稿子发给我，希望我能点石成金、妙笔生花，似乎只要我愿意出手，帮他改改稿子，然后他熟练背诵下来，宣讲就能熠熠生辉。其实并非如此。与撰写小说、散文或评论等不同，宣讲稿写的是真人真事，流露的是真挚感情，传递的是正能量、好声音，这个不能凭空想象、主观杜撰。完全指望别人代笔，这不现实——因为别人并不了解你，也给你"编造"不出故事。

"授之以鱼，不如授之以渔。"这些年，我一直有一

个原则：别人在撰写宣讲稿之初，我不会也不敢轻易动笔为其修改一字一句，而是循循善诱，帮助他们了解什么是宣讲、宣讲有哪些种类、如何确定主题、如何筛选典型故事、如何才能撰写出一篇高质量的宣讲稿。在此，试举两例。

案例一

孙某是某省一所职业学校的老师，学校设置的专业多与工业设备安装有关，比如培养筑炉工、管道工、焊接工、铆工、钳工、电工等。2019 年，该省建设行业组织开展立足岗位、建功立业宣讲比赛，孙某被学校推荐参加比赛。

孙某认真准备了一篇宣讲稿，通过微信发给我，希望我能指点、修改。我看了稿子后感觉质量平平。在文中，他写自己是如何用责任心和爱心管理班级，把差生转变成优生的。权且不论文字稚嫩，关键在于内容肤浅。站在全省建设行业宣讲讲台上，着眼于"差生"变"优生"题材，格局不大，视野太窄，难以被人关注，更谈不上令人感同身受。以这个内容参加全省建设行业建功立业宣讲，显然不具竞争力。

我建议他，打开自己的视野，对标全省建设行业热点，别仅仅局限于教学管理；要提高政治站位，着眼于人才培养和为建设行业源源不断输送"大国工匠"。一开始，他并不能完全理解我的建议，只是一次次把修改过的宣讲稿发给我看，但我看后一直感觉与我所期望的"高度"相距甚远。

有一天，适逢济南市开展百姓宣讲比赛（预赛），我是比赛的承办方，便邀请孙某过来观摩学习，听听别人是怎么讲的，想想自己应该怎么撰写宣讲稿。他来比赛现场认真听了半天后对我说："我懂了，知道如何写稿和宣讲了。"

他到底"懂"了什么，我不得而知。后来有一天，孙某的领导打电话给我，说感谢我的指导，孙某在全省建设行业组织的建功立业宣讲比赛中获得了二等奖。

对于孙某的宣讲，我谈不上什么指导与帮助，但通过现场聆听，他应该感悟到了：宣讲就是通过典型、生动、感人的故事情节和通俗易懂的语言进行讲述。作为职教老师，他应该讲好的就是职业学校源源不断为社会培养和输送技术人才的故事。

案例二

庄娜娜是济南市第五人民医院体检中心的一位医护人员，2019年，她要参加卫健系统组织的一次宣讲比赛，向我咨询应该如何写稿。

我建议她首先立足自己和单位挖掘和梳理出至少两个好故事，故事要典型、生动、富有社会价值。其次思考这些故事能够对标、契合哪些时代精神和时代要求。至于起什么样的标题、如何开头结尾和勾勒篇章，先不予考虑。

庄娜娜梳理出两个典型故事：一则是一位年仅31岁的年轻女性因为体检不及时，癌症被发现时已到晚期，人生结局令人扼腕叹息；一则是她所在的医院响应国家政策号召，面向农村开展免费体检服务，及时发现了一位胰腺癌早期患者的故事。这些故事突出"没有全民健康，就没有全民小康"这个主题，强调早预防、早诊断、早治疗，是建设"健康中国"的内涵之一。

经过精心设计和润色，庄娜娜撰写出《小体检　大健康》宣讲稿，并在济南市卫健系统宣讲比赛和济南市百姓宣讲比赛中，取得较好的成绩。

二、一篇优秀宣讲稿应该具备的元素

如何写好一篇百姓宣讲稿？在整体框架结构上，宣讲稿与其他文章一样，同样适用"凤头、猪肚、豹尾"这样的写作技巧。

"凤头"，顾名思义，就是要像凤凰的头部一样美丽、精彩。宣讲要想达到"一分钟吸引人"的效果，让听众把眼睛聚焦到宣讲员的身上，饶有兴趣听下去，不是一件容易的事。所以，宣讲稿如何开头，需要认真琢磨、推敲和设计。

"猪肚"，有了精彩的开头，自然不能在文章的主体上华而不实，主体是文章的中心，要像猪肚子那样有充实、丰富、饱满的内容。宣讲稿，就需要典型故事来支撑"猪肚"，通过弘扬时代主题来提升价值。

"豹尾"，豹的尾巴非常有力，比喻文章的结尾应表现力强。

总之，一篇优秀的百姓宣讲稿，除了具有良好的文字表达之外，整体框架在遵循"凤头、猪肚、豹尾"构成的前提下，还应该具备几个元素：一个好标题、一个好主题、一个好开头、几个好故事、一个好结尾。

（一）一个好标题

古人说："题好文一半。"题目是一篇文章的"眼睛"，不仅能吸引读者、夺人眼球，而且能正确而生动地概括全文。

（二）一个好主题

主题是百姓宣讲之本。宣讲弘扬什么价值观，传递什么正能量、好声音，就看选择什么主题。主题是宣讲的灵魂，如果缺少主题或主题偏离主流价值，那么这样的宣讲也就失去了价值和意义。一句话：无主题，不宣讲。

（三）一个好开头

百姓宣讲能否达到"一分钟吸引人"效果，就看开头能否吸引听众的眼球、抓住听众的心。

（四）几个好故事

百姓宣讲，传递正能量，传播好声音，故事是载体。讲故事，就要突出百姓特色，说百姓话、拉百姓理，语言生动朴实，讲述动情感人，让人听后有所感悟、有所启迪。受宣讲时间和稿件篇幅的限制，一篇宣讲稿不可能包含太多故事，可以有两个，也可以有 N 个，但应该有主次、详略之分，而不是平均用力、简单罗列。故事是服务主题的，选取哪些典型故事，应该根据主题需要。

（五）一个好结尾

有人说："好的结尾，犹如咀嚼干果，品尝香茗，令人回味再三。"宣讲到了结尾，就要简洁有力，或谈感受，或谈认识，或点明主题，在"润物细无声"中产生"同频共振"的效果。当然，一个好结尾的形式可以是多样的，吟诗、唱歌等，都能起到意想不到的宣讲效果。

　　在此宣讲稿框架之下，取得良好宣讲效果的要求还有很多，比如行文逻辑须缜密、语言要生动有感染力、在舞台上宣讲时注意必要的技巧等。上述宣讲要求，在此不再详述，我将在下面的一些章节进行详细解读。

三、解剖《我骄傲，不只为桃李芬芳》范文

　　在此，我通过解读一篇宣讲范文，让大家直观感受一下优秀宣讲稿的撰写技巧。2015 年，山东省百姓宣讲活动的主题是"中国梦·我们的价值观"。《我骄傲，不只为桃李芬芳》是济南市育园学校教师孙屿萌撰写的，凭借这篇宣讲稿，她先后参加济南市、山东省百姓宣讲比赛，皆获得一等奖。

我骄傲，不只为桃李芬芳

孙屿萌

　　每个人都有梦想，作为教师，我的梦想却从来不是桃李满天下。为什么？因为我是特教教师。

　　七年前，我还是一名普通的小学教师。那天，我带着班里的学生到一所特教学校进行帮扶活动。那是

我第一次近距离见到那些目光呆滞、行为异常的孩子，当时我的心都要碎了。同样是花季少年，他们要怎么生活？面对怎样的未来呢？我觉得，比起普通孩子，他们需要更多的关爱与呵护。于是，经过几天思想斗争，我向济南市教育局递交了调职申请。在多数人不理解的目光下，我来到了现在工作的学校——济南市育园学校。从那以后，我不光是教师，还是医生、保姆、康复师、心理咨询师，更是妈妈！

刚进特教学校时，我以为把孩子看好就成了。孩子不会吃饭，我就喂；尿了、拉了，赶紧换身干净的；衣服、鞋子脏了，就顺手洗干净——在我这个当妈的看来，这都不叫事儿。可是，渐渐地，我发现自己想错了。当爹妈的，每天费那么大劲儿送孩子上学，最想的就是孩子能学会自己照顾自己，会和人交流，能适应社会。曾有家长问我："孙老师，俺儿还有救吗？"当妈的不怕一辈子当牛做马，怕的是等自己老了、没了，孩子咋办！

"生活自理"，虽说是简简单单的四个字，可真教起来，别提多难了！小原已经八岁了，他妈妈每天都带来一大兜裤子，还经常不够使。教他上厕所，想招儿想得我脑仁疼。他的小手不听使唤，我就从最简单的教起。先让他学着把拇指跟四指分开，再练手劲儿，然后学习捏、拉、提的动作，学习裤子褪到什么地方、站在便池的哪个位置、怎样用卫生纸、怎样冲水……一个月后，小原上厕所时不弄脏衣服了，我和家长都长长舒了口气。可他想上厕所时不会说，有时上着上着课就尿了。这可怎么办？我发现，这小家伙一憋尿，眼睛就直愣愣的，这时候领他去厕所准没错。不过，谁能啥事不干，整天就盯着他呀。再想辙！我试着教他两个动作：站起来，把拇指插进裤腰。嘿，别说，还真管用！从那以后，一看到这个标志性动作，我就马上催他去厕所，小原再也没尿湿过裤子。

由于听不懂、记不住、协调能力差，宝贝们学东西特别难。普通孩子一看就会的事，他们得学一个星期、一个月，甚至好几年。十遍不会教百遍，千遍不成教万遍，我不停地找窍门、想办法。

像教果果说话，每天教，逮着空就教，可他回应我的只有一个单调的"啊"。他妈妈让我别折腾了，可我知道，她说这话时，心里得多疼啊。三年后的一天，我照旧教他说"妈妈"，谁想到，他竟然破天荒地重复了一声。我当时一愣，指着他妈妈又问："这是谁？""妈妈。"虽然声音很小，发音也不标准，却还是让他妈妈当场落下泪来，她又哭又笑地喊："我儿子认我了！他叫我妈妈了！"

我骄傲：不能桃李满天下又怎样？我给这些家庭送去了快乐和希望，多辛苦都值！学生的进步和家长的认可，让我研究学生、研究教法更上瘾了。不知不觉中，我摸索出不少"绝活"，几年下来，国家和地区的荣誉奖状我攒了一大摞。我就想，不能光让我们班里、我们学校的孩子受益，要让更多的孩子都得到实惠才好呢！所以，我用心总结经验和方法，并把它们变成文字。很多外地的老师来育园学习，点名要听我的课。只要他们需要，教案、教具、课件、论文……统统可以带走。我绝不藏私，只要可以帮助更多的孩子。

选择当特教教师，全家都非常支持我，特别是我老爸。每当我遇到挫折的时候，他总会叨念："爱是可以传递的，更是可以放大的。"他躺在病床上的时候还一直说："丫头，等我病好了，给你们拍个专题片，讲讲特教教师的事，咱也传递传递正能量。"就在他去世前，还抓着我的手，他说的最后一句能听清的话是："加油！"

是的，爱是可以传递的，更是可以放大的。就让我这个不能桃李芬芳的特教人，把爱传给你，传给他。

点 评

熟读这篇宣讲稿，让我们一起来剖析其撰写技巧。

1. 看标题。"题好文一半"。2015年山东省百姓宣讲的主题是"中国梦·我们的价值观"，孙屿萌宣讲的标题是《我骄傲，不只为桃李芬芳》。老师是教书育人的，期望的是"三尺讲台写春秋，一片丹心育桃李"，一句"我骄傲，不只为桃李芬芳"，明显暗含一种价值观。

2.**看开头**。"每个人都有梦想，作为教师，我的梦想却从来不是桃李满天下。为什么？因为我是特教教师。"文章开门见山，虽寥寥数语，但已经达到"一分钟吸引人"的宣讲效果。别人当老师，追求的价值之一是育人绽芬芳，桃李满天下。讲台之上，孙屿萌讲的却是"我的梦想却从来不是桃李满天下"。这样的表述一下子就把听众的"胃口"吊起来，使大家急切想继续听下去。

3.**看故事**。"我是特教教师"，特教教师有啥故事呢？孙屿萌选取了两个故事进行讲述。一个是教残障儿童生活自理。小原八岁了，为了教他学会上厕所，使他不再天天尿湿裤子，孙屿萌"想招儿想得脑仁疼"，耗费一个月的时间。另一个是教会果果喊"妈妈"。喊"妈妈"对于一个健康的孩子来说，是易事，不值一提；但对于残障孩子来说，难度令人无法想象。教会果果喊一声"妈妈"，孙屿萌用了三年。也就是因为孩子能喊出一声"妈妈"，果果的妈妈惊喜感动得当场落泪，情不自禁又哭又笑地喊："我儿子认我了！他叫我妈妈了！"

4.**看主题**。讲完这两个故事，孙屿萌感喟说："我骄傲：不能桃李满天下又怎样？我给这些家庭送去了快乐和希望，多辛苦都值！"这，就是孙屿萌通过故事阐释的"中国梦"和"价值观"。

在整个宣讲过程中，没有惊天动地的大事，也没有振聋发聩的口号，但字里行间体现的是一位普普通通的特教教师对残障儿童的关爱，以及她的价值追求。大爱无声，育人无痕。孙屿萌宣讲的《我骄傲，不只为桃李芬芳》，感动了很多听众。

2017年，济南特殊教育中心的王德萍走上宣讲讲台，她也是一位特教教师。她在宣讲《点亮心灯》时讲道：

> 有时候我想，一个班，十来个学生，一带就是九年。人的一生能有几个九年啊？同样是教师，别的教师一生桃李满天下，而我们呢？我也曾苦恼、迷茫，甚至想过放弃。但是我从一代又一代特教人身上，看到了奉献的美丽。一个人的奉献有大有小，但不论哪一个岗位，都需要有人去坚守、去奉献，甚至牺牲自己的美好年华。我是一名共产党员，面对这些可怜的盲孩子，我不坚守，谁来坚守？我不奉献，谁来奉献？我愿意用我的青春与美丽，帮助更多的盲孩子学会自尊自信、自立自强，让他们凭借自己的双手自食其力，不给社会增添负担，成为对社会有用的人才。

"不论哪一个岗位，都需要有人去坚守、去奉献，甚至牺牲自己的美好年华。"字数不多，文字也不华丽，但句句是铮铮誓言，振聋发聩，让人深思，给人启迪。这，就是弘扬正能量，传递好声音。这就是宣讲的力量。

四、集中培训宣讲骨干的经验分享

写好一篇文章难，写好一篇宣讲稿难上加难！所以，若想成为一名优秀的宣讲员，参加集中培训是不可或缺的重要环节。只有经过严格的培训，才能从根本上提升宣讲稿质量和宣讲水平。

我一直坚持一个观点，一些地方和单位组织百姓宣讲预赛，本质上是把有故事、会讲故事的人筛选出来，所以不能仅仅看成绩。一般情况下，预赛时能脱稿的、有宣讲技巧的，容易得高分。而有些人本身有典型故事，正能量满满，但由于不会写稿、不会讲，往往得分比较低。这个时候，活动主办方或承办方需要"慧眼独具"，不简单地以成绩论英雄，而是善于把个别所谓的低分者吸纳到宣讲骨干培训班。他们是一块"玉石"，只要经过培训环节的"雕琢"，一定会大放异彩。这，何尝不是一种公平！

为什么说这样做也是"公平"？很简单！宣讲不同于演讲，演讲是一赛决胜负，但宣讲不是为了比赛而比赛，也不仅仅是为了区分名次。宣讲比赛的根本目的是挖掘、寻找、层层选择优秀宣讲员。谁具有优秀宣讲员的潜质和能力，就要选择谁。可塑性，是选择优秀宣讲员的重要条件之一。

2016年，时任济阳县曲堤镇胡家村村支部书记、山东北成环境工程有限公司总经理肖岛参加了"中国梦·小康情"百姓宣讲比赛（预赛）。事前，他没有认真撰写宣讲稿；上台宣讲时，他自嘲说是"随便讲讲"，更是严重超时，原本要求宣讲不超过8分钟，他足足讲了将近半个小时。结果可想而知，评委给他打的分数很低！

宣讲效果虽然很一般，但他的宣讲却透露出诸多信息，比如他出身贫寒，上大学时便勤工俭学，大学毕业工作后辞掉公职，投身创业，乐于公益，回馈社会……他的故事厚重且感人，也契合"中国梦·小康情"的宣讲主题。后来经过评委集体评议：吸收预赛成绩排名靠后的肖岛加入宣讲员骨干培训班，参加决赛。

经过培训，肖岛走进机关、高校、企业等场所，宣讲他的成长励志故事、创业故事，宣讲效果非常好。目前，肖岛担任山东北成环境工程有限公司、山东碧汀智能科技有限公司、重庆碧汀智能科技有限公司等法定代表人；是济南市人大代表、济南市道德模范、山东省泰山产业领军人才、山东建筑大学特聘教授；累计向社会捐款700多万元。这些年，挖掘、筛选肖岛这样的优秀宣讲员的案例，在实践中还有很多，在此不再一一列举。

通过预赛筛选出一批骨干宣讲员后，下一个环节就是集中培训。

如何培训？我认为成熟的做法是经过四个环节：理论授课，导师指导，自我改稿，反复试讲。培训时间具体安排一般是：上午邀请专家授课，下午导师指导写稿，晚上学员自我改稿或者分组试讲。

第一，理论授课。百姓宣讲，就是通过小故事阐释大道理。从根本上讲，百姓宣讲是理论宣讲的一种形式。宣讲要讲好典型故事，更要体现主题，实现宣讲的目的。这就要求宣讲要站位高远、立意深远。通过宣讲，在党委政府和基层群众之间搭建沟通的桥梁，将党的路线、方针、政策送到人民群众中间。但有一个客观现实我们需要正视，就是百姓宣讲员主要来自基层一线，他们中间一些人理论政策水平不高，宣讲的故事有时很难正确对标主题，不能或不善于阐述大道理。所以，集中培训骨干宣讲员，首先要邀请来自党校或大学马克思主义学院的专家学者或是拥有较深理论功底的党政干部授课，讲习近平新时代中国特色社会主义思想，讲党的十八大、十九大、二十大精神，讲时事政治，讲地方党委政府重点工作……通过集中学习，来提升宣讲员的政策理论水平。

第二，导师指导。培训实行导师制，培训期间先将宣讲员分为几组，再为每组配备一名导师，由导师组织小组成员进行培训。指导什么？帮宣讲员筛选故事、提炼主题、修改稿件和模拟试讲。宣讲员的宣讲稿质量和宣讲水平能否大幅度提升，一方面取决于宣讲员自身的先天潜质和后天努力，另一方面取决于导师的辅导能力与水平。哪些人适合来当导师？我认为起码需要满足三个条件：其一，对百姓宣讲工作比较了解，对宣讲质效能够准确把握和评估；其二，具有比较深厚的理论功底，能够帮助宣讲员对标主题、提升理论水平；其三，具有一定的文字功底，能够帮助宣讲员润色宣讲稿、提升宣讲效果。这三个条件缺一不可。

第三，自我改稿。顾名思义，自我改稿就是在导师的指导下，由宣讲员自己认真修改宣讲稿。这是一个艰苦的历练过程，正如有的宣讲员所吐槽的："找问题，谁都能说出个一二三四，但落实在纸面上，很难！"好文章都是改出来的，百姓宣讲稿也是！只有对自己"狠一些"，才能改出一篇优质宣讲稿。过去我参与培训宣讲员，要求他们将宣讲稿修改一二十遍，甚至数次推倒重来，是经常的事。写一稿或修改几稿，就认为万事大吉，这样的观点是错误的。

在实践中，我也经常发现一个反常的现象，值得警惕和反思：有些宣讲员惯当"甩手掌柜"，坐等别人写稿"喂食"。原本自己参加集中宣讲培训，却不学习、不思考、不动笔，稿件撰写指望所在单位领导重视，依赖单位指定的"写作团队"代笔。但"写作团队"往往因为不了解宣讲的真谛、不熟悉宣讲员的具体情况，而闭门造车、胡编乱造，所撰写的稿件内容不仅容易失真失实，而且也缺乏真情实感。这种不良行为当戒。

第四，反复试讲。培训的最终目的是更好得巡讲。写稿子，归根结底是为了登台宣讲。反复试讲是培训的一个重要环节，目的在于查找宣讲中的不足与缺陷，然后及时补足和提升。在每一次培训期间，学员试讲时，作为导师的我要求其他学员也认真聆听，围绕试讲者的试讲一一发言点评，要点评出他宣讲的优点在哪儿、缺点在哪儿。我为什么提出这样的要求？因为宣讲的优点或缺点，既存有个性也存有共性，别人的宣讲就是自己的一面镜子，点评别人，就是反思自己，能够及时照见自己的优点和缺点，就能帮助自己实现提升。

多年的实践经验证明，宣讲员是否经过科学培训，宣讲效果是完全不一样的。若想打造一支优秀的百姓宣讲队伍，培训环节不能省略。

总之，要想写出一篇好宣讲稿，只能是多学习、多积累、多思考、多求教、多修改。稿件基本成型后，还要继续不断试讲、不断提升。除此之外，别无他法！

第五讲
如何写好宣讲故事

讲述中国好故事，传播中国好声音。这些年，从中央到地方，理论宣讲如火如荼，在全国各地呈现燎原之势。那么，讲什么样的内容？以什么样的方式才能达到最佳宣讲效果呢？经验证明，讲故事是最好的方式。

一、基层宣讲，讲故事是最好的方式

美国女作家鲁凯泽说："构成宇宙的是故事，而不是原子。"故事是最好的传递思想的方式。

自人类诞生以来，讲故事就被人们当作教育的方式。一则故事具有传递感情的作用，可以让人感同身受，充满正能量。影响一篇宣讲稿质量的因素有很多，如主题是否鲜明、语言是否富有感染力等，还有就是讲什么故事。主题确定了，故事讲好了，宣讲就能达到事半功倍的效果。

一个好故事胜过千言万语，讲一个有哲理、有文化、有味道的故事胜过讲很多大道理。

毛泽东一生读书无数，讲话著文很善于讲故事，各种典故信手拈来。

1941 年 5 月，毛泽东在延安高级干部会议上作了《改造我们的学习》的报告，其间娓娓道来了许多生动有趣的民间故事和典故，引得七八百位高级干部不时哄堂大笑。他讲了一个《笑林广记》中的故事：有一个人举着一根长竹竿进城，城门小，竹竿长，横过来进不去，竖起来也进不去，急得满头大汗。一个过路人看了，说："你这个人怎么这么笨，你把竹竿砍断了不就可以进去了吗？"这个举竹竿的人果真这么做了。其实，这两个人都犯了教条主义的错误，只知道把竹竿横着拿，就不知道把竹竿顺过来带进去。接着，他又讲了一个秀才过沟的故事。他说："秀才要过沟，怎么也过不去。一个农夫看到了，叫他跳过去。秀才两腿一并，往前一蹦，结果掉在了沟里头。农夫说：'你的跳法不对'，于是做了个示范动作。秀才看了埋怨农夫说：'你一条腿在前一条腿在后叫作"跃"，两腿并起来才叫"跳"，你为什么不叫我"跃"呢？'"毛泽东讲完这个故事后说："这个秀才教条主义到了家，他比猪还不如。猪过河还知道用前腿探一下，调查研究一番……"

党的七大召开时，毛泽东在会议最后讲了愚公移山的故事，用中国古代的一则寓言故事教育了全体党员，鼓励大家发扬愚公移山的精神，付出艰苦努力，去感动全中国的人民大众，去赢得革命的胜利。1949 年在《将革命进行到底》一文中，毛泽东借用"农夫和蛇"的寓言故事，教育中国人民不能怜惜自己的敌人，不能让革命半途而废，要"坚决彻底干净全部地消灭一切反动势力"。这些都是很精彩的例子。

习近平总书记很善于讲故事。无论是在会议发言、调研谈话、出访演讲还是发表的文章中，他都善于用故事来打动人、说服人、启示人和引导人。这些故事不仅充满感性之美，而且富有理性之美，更具有灵性的力量。

习近平在广东考察时讲过：他 1979 年出访瑞典，在一个广场上遇见一个马来西亚华人，用很生涩的汉语问："你是中国人吗？"那时在瑞典见到华人很不容易，现在，全世界到处都是中国人。他有一次在比利时首都布鲁塞尔，从市政府大楼朝外面一看，半个广场都是中国人。从"你是中国人吗"到"半个广场都是中国人"，一个细节的对比，生动地折射出中国的巨大发展。总书记的这个"中国故事"何其精彩！经过40多年改革开放，我们创造了激动人心的中国奇迹。

在出访美国演讲忆及梁家河的变化时，习近平说，那时候他和乡亲们都住在土窑里、睡在土炕上，乡亲们生活十分贫困，经常是几个月吃不到一块肉。他了解乡亲们最需要什么！后来，他当了这个村子的党支部书记，带领乡亲们发展生产。他很期盼的一件事，就是让乡亲们饱餐一顿肉，并且经常吃上肉。应当说，作为大国领袖，站在世界舞台中央向世人阐释中国，不是用宏大的场景描述，而是选择了一个对他个人而言最具意义的村庄。这样的选择，不仅让世人感知到了梁家河的今昔变化所反映的中国的发展变化，也让大家体悟到了他不变的"初心"。

2019年10月1日出版的第19期《求是》杂志发表了中共中央总书记、国家主席、中央军委主席习近平的重要文章《推进党的建设新的伟大工程要一以贯之》，其中讲述了7个故事，饱含深意。比如关于苏共垮台话题，习近平讲道："我们常说，基础不牢，地动山摇。信念不牢也是要地动山摇的。苏联解体、苏共垮台、东欧剧变不就是这个逻辑吗？苏共拥有 20 万党员时夺取了政权，拥有 200 万党员时打败了希特勒，而拥有近 2000 万党员时却失去了政权。我说过，在那场动荡中，竟无一人是男儿，没什么人出来抗争。什么原因？就是理想信念已经荡然无存了。"对此，他进一步指出，历史和现实都告诫我们：全党理想信念坚定，党就拥有无比强大力量；全党理想信念淡薄，党就会成为乌合之众，风一吹就散。

习近平参观《复兴之路》展览，当看到安放于陈列柜中的《共产党宣言》中文译本时，讲了陈望道在翻译《共产党宣言》时"蘸着墨汁吃粽子"的故事，由此说出"真理的味道非常甜"。在纪念红军长征胜利 80 周年大会上，他讲了红军"半条被子"的故事，阐明同人民风雨同舟、血脉相通、生死与共，是中国共产党和红军取得长征胜利的根本保证。在庆祝中国人民解放军建军 90 周年大会上的讲话中，他提到"将士们哪怕冻饿交加，也不拿群众一针一线；哪怕烈火焚身，也岿然不动，直至付出生命；哪怕身陷绝境，也坚守战位，慷慨赴死"，彰显了革命纪律的伟大力量……

讲述中国好故事，传播中国好声音。这些年，从中央到地方，理论宣讲如火如荼，在全国各地呈现燎原之势。那么，讲什么样的内容？以什么样的方式才能达到最佳宣讲效果呢？经验证明，讲故事是最好的方式。宣讲员要善于讲故事、拉家常，让宣讲接地气、冒热气、添生气，才能让党的创新理论"飞入寻常百姓家"。

二、讲好故事，内容须防止 N 个误区

基层宣讲如何讲好故事？在此，我想起以前在电视里看过的一个"镜头"。

2015 年，抗战名将张自忠之孙张纪祖，携好友吴缘来到浙江卫视，参加主题为"关爱老兵"的节目。10 多年来坚持寻访健在老兵的吴缘，为呼吁社会各界人士关爱抗战老兵，还特地请到了多位老兵与大家分享抗战往事。

节目临近结束，节目组邀请张纪祖及几位老兵唱歌，他们选择了一首经典抗战歌曲《在太行山上》——

> 红日照遍了东方，
> 自由之神在纵情歌唱！
> 看吧！
> 千山万壑，铜壁铁墙！
> 抗日的烽火燃烧在太行山上！
> 气焰千万丈！
> 听吧！
> 母亲叫儿打东洋，妻子送郎上战场。

我们在太行山上，我们在太行山上。

山高林又密，兵强马又壮。

敌人从哪里进攻，我们就要他在哪里灭亡！

敌人从哪里进攻，我们就要他在哪里灭亡！

在舞台上，唱歌、跳舞是一种艺术，比拼的是技艺技巧。这些抗战老兵年龄都在90岁左右，吐字不清，声音也不高亢，更不懂唱歌的艺术技巧。但是，伴随着音乐的响起和老兵们的歌唱，台下观众全体起立，拍掌和声，眼泪汪汪。

为什么？是老兵背后那些抵御外寇、保家卫国的故事，感动了现场每一位观众。那些故事告诉我们，革命胜利来之不易，现在的和平繁荣来之不易；那些故事提醒我们，勿忘国耻，振兴中华。

这个"镜头"引申出一个话题："谁来讲""在哪讲""讲什么""如何讲"堪称宣讲"四部曲"，关系到宣讲效果的好坏。其中，"讲什么"肯定是第一位的。

这些年，我长期担任一些单位组织的百姓宣讲预赛、决赛评委，也承办过很多次宣讲员培训班，其间发现很多人撰写宣讲稿存在一些误区：空谈理论，无故事；有故事，但无主题；有故事，但往往不典型也不感人等。具体表现如下：

（一）把故事写成工作总结

一些人对基层宣讲的目的和意义不了解，对宣讲的概念和内涵不清楚，撰写宣讲稿时，往往写成个人或单位的工作总结，甚至照抄照搬其他人或单位的年度工作总结。宣讲稿通篇没有故事、没有主题，上台宣讲如同汇报工作，受众听了会产生如坠云雾、不知所云的疏离感。

工作总结是把一个时间段的工作进行一次全面系统的总检查、总评价、总研究，并分析成绩和不足，从而得出引以为戒的经验。而宣讲面向的对象是大众，内容是讲故事、讲情感、讲政策、讲理论，目的是传播正能量，传递好声音。工作总结与基层宣讲完全是两码事，撰写宣讲稿，一定不要写成工作总结。

（二）把百姓讲故事等同于专家讲理论

前面我讲过，这些年，基层宣讲是精准对接当下受众需求，有针对性地进行分层分类宣讲，基本形成"干部讲政策、专家讲理论、百姓讲故事、先进讲事迹"的立体宣讲格局。既然是分层分类宣讲，那么不同的宣讲形式需要不同的内容与之匹配。百姓宣讲，面向的对象是基层群众，只有故事生动、语言生动、宣讲生动，群众才愿意听、听得进，产生共情，进而内化于心、外化于行，变成一种行动自觉。

有些人撰写宣讲稿，或是大篇幅地讲理论，或是不断地抒情，对故事却是轻描淡写、蜻蜓点水。故事讲得不精彩，受众对干巴巴的理论又听不明白、听不进去，这样宣讲效果势必大打折扣。

需澄清一下，百姓宣讲不是不能讲理论，而是要把握一个度，理论要少而精，要通俗易懂、直达人心。要把更多的笔墨用于讲故事，寓"理"、寓"情"于故事之中，通过故事阐释深刻道理，潜移默化地感召人、影响人。

（三）把故事写成抒情式散文

百姓宣讲的目的，是讲述好故事，传递正能量，传播好声音。宣讲一定要言之有"事"、言之有理，杜绝"假大空"。

2018年，一家银行筹备举办建行N年庆典，其中一个环节是组织系统内青年员工进行宣讲比赛，主题是"×行情，青春梦"。为了办好这次宣讲比赛，为行庆添彩，该银行邀请我负责培训指导工作。

该银行在系统内筛选了30名青年员工参加培训，他们来自山东省各地银行的各个岗位。按照计划，培训结束后再进行预赛，从中选拔8位选手登台宣讲。培训时间很紧张，只有7天。选拔出的8位选手上台宣讲时要求脱稿，并使用PPT。

为了解这些员工的宣讲稿内容和宣讲水平，我要求他们一一上台试讲，不能脱稿的先念念稿子。听了几个人的试讲后，我赶紧叫停了。因为这些人几乎没有立足自身的工作岗位讲故事、谈感受，而是围绕着"情"与"梦"二字，无病呻吟、泛滥抒情。有几个人的抒情语言还高度雷同，不用猜，他们的宣讲稿是通过网搜文章拼凑的。我把还未试讲员工的宣讲稿收齐，粗略浏览后发现，情况大致相似。既然如此，让他们继续试讲已无必要，还是先给他们讲讲什么是宣讲吧。

我说："你们银行系统组织宣讲比赛的目的有三个。第一，展示个人能力。你们站在讲台上宣讲，讲岗位那些酸甜苦辣的故事，现场的领导和同事都会注目和聆听，这是你们展示自我的一次好机会，你们得珍惜。第二，领导进行大调研。基层员工在做什么？精神面貌是啥样的？领导不一定了解那么多、那么细。倾听宣讲，领导对基层工作会有一个直观的了解与认识，这其实是一次基层工作调研。第三，展示行业形象。你们登台宣讲，是展示全系统青年员工的形象，是展示全系统职工的担当与作为。所以你们宣讲就要立足岗位，讲出自己的好故事，传播你们的好声音，展示银行的好形象。"

然后我要求他们重新撰写宣讲稿，立足自身岗位讲典型故事，内容务实不务虚，少抒情甚至不抒情。

立足岗位写故事，这些青年员工信手拈来，也不用在网上抄抄写写了……宣讲培训很顺利。在行庆现场，8名宣讲员依次登台宣讲，他们的故事感动了台下的领导和同事们，掌声一次次响起来，很多员工因为感同身受，眼眶一再湿润。宣讲，要的就是这种感动人、感染人、感召人的效果。

（四）宣讲故事里无"典型"

什么故事具有典型性？我曾经说过这样一句话："一场宣讲分享会结束，听众离开会场后一段时间，还能记住你讲过的故事，而且记忆犹新、回味无穷、感受至深、颇受启发，这说明你讲的故事典型，说明你宣讲成功。假如说，你宣讲时，大家听得稀里糊涂，什么也没有记住，更谈不上有所感受和受到启发，那么你就不适合继续宣讲。"可见，听众感不感兴趣、能否记住、能否受到启发和教育，是评价宣讲故事是否典型、是否有价值的重要标尺。

所谓典型故事，就是能反映、能昭示宣讲主题的故事；就是能够感染人、感动人、感召人的故事；就是能体现时代价值、彰显时代精神的故事。

故事典型，并不意味着主人公干了哪些惊天动地的事，是能从一些故事的"细微"之处见精神。百姓宣讲的魅力之一，在于宣讲员就是生活在我们身边的普通百姓，其事迹是看得见、摸得着、可比可学的。这些人虽然平凡，但事迹和精神未必平凡。凡人微光，聚集起来就会变成"灯塔"，光芒闪耀，指引时代前行之路。

有些人撰写宣讲故事，只是讲一些日常琐碎工作。日常工作，原本是我们的本职工作，你干别人也干，甚至别人比你干得更优秀，那你的宣讲怎么说服别人、感染别人？选择故事，一定要充分考虑故事的典型性、代表性和价值性，一定要充分考虑受众的心理感受和情感认同，否则容易让人贻笑大方。

（五）写故事浅尝辄止或面面俱到

按照一般惯例，百姓宣讲一般控制在8—10分钟，区区不到2000字的稿件中，容纳不下太多的故事。一篇宣讲稿中，一般至少写2个故事。少了，故事显得单薄；多了，则故事讲不透、讲不深。不管选择讲几个故事，一定不能浅尝辄止，也不能面面俱到。我曾经听过一个宣讲员讲派驻第一书记的故事，8分钟之内，一口气罗列了9个第一书记的故事，每个故事都是蜻蜓点水。听完之后，我感觉很蒙圈，不知道他到底要讲什么。还有一些宣讲员，要么罗列堆砌故事，要么将宣讲稿写成"流水账"，面面俱到、平铺直叙。不言而喻，像这样讲故事，哪能讲出什么好效果。

三、哪些人最具基层宣讲的潜力

在这里，仅以故事类宣讲为例。

讲故事，人人有故事。好故事，人人心中有。

问题是，人与人不同，各自的故事也不一样，宣讲效果自然也有差异。所以，选拔宣讲员一定要把有故事的人推荐出来，把讲台交给他们，让他们深入基层宣讲，用他们的正能量、好声音引领社会好风尚，激励更多的人崇德向善。

要让有信仰的人讲信仰，高擎理论旗帜，追寻信仰之光，以如火激情投身基层宣讲，宣传党的创新理论。那么，哪些人具有基层宣讲的潜力？我认为——

（一）先进典型人物群体

这个群体，包括个人和集体。获得的荣誉，从行政级别看，有中央级、省级、市级、县级、乡级等的；从社会领域看，有党委、政府、工会、妇联、团委等授予的；从类别看，有劳动模范、先进工作者、道德模范、出彩型好干部等。这些先进典型人物自带"光环"，是各行各业学习的榜样，其荣誉的背后都有过硬的、鲜活的典型事迹。他们宣讲不需要华丽的语言，不需要刻意寻求技巧，只要往讲台上一站，把故事一讲，就能赢得鲜花和掌声。比如全国道德模范、山东省人大代表、一诺千金照顾无亲无故瘫痪老人36年的济南市民房泽秋；"以实干践行初心使命、以党建引领乡村振兴"的济南市章丘区三涧溪村"拼命女村官"高淑贞；临危不惧，在十米车厢内智斗歹徒的"最美公交人"董丹……一个个闪光的名字，照亮了整个社会的价值星空。他们的故事丰厚、饱满、感人，他们都是党的创新理论的追随者、社会主义核心价值观的践行者和正能量的传播者。

让最适合宣讲的群体进行宣讲。这些年，越来越多的先进人物宣讲团成立并开展巡讲工作，比如"劳模宣讲团""出彩型好干部宣讲团""道德模范宣讲团"等。他们纷纷走进机关、党校、基层街道等地方进行广泛宣讲，社会反响良好。很多人认为，这种立足岗位讲故事、阐释理论的宣讲，更有温度，更能让理论入脑入心。

重视先进典型的榜样引领，是搞好基层宣讲工作的重要一环。中国人民大学冯仕政教授在《论中国社会中的"典型"》中谈到，"抓典型""树立典型"是中国共产党长期实行的一种工作方法。毛泽东发表于1943年的《关于领导方法的若干问题》一文，最早对"抓典型"这种工作方法进行了阐述，提出"共产党人无论进行何项工作，有两个方法是必须采用的，一是一般和个别相结合，二是领导和群众相结合"。所谓"一般和个别相结合"，就是领导人员"具体地直接地"从若干组织入手，"取得经验，然后利用这种经验去指导其他单位"。所谓"领导与群众相结合"，就是培养、团结和利用群众中的"少数积极分子作为领导的骨干，并凭借这批骨干去提高中间分子，争取落后分子"。

　　冯仕政教授还认为，"抓典型"的核心技术，是抓取群众在日常生活中非常熟悉的组织、个人、行为和话语，通过对这些事物进行重新定义和诠释，将其升华为党的意识形态符号，用以表达各项方针政策的内涵和期望。中国共产党非常强调典型的"群众基础"，非常强调从群众中培养骨干，正是为了增加典型在群众中的"可见性"，增加典型与群众的"血肉联系"。

　　总之，"榜样的力量是无穷的"。先进典型是社会主义核心价值观的人格化身，是引领社会主流价值的鲜明旗帜。先进典型宣讲，可以树立价值标杆、引领道德风尚，有利于推动社会主义核心价值观内化于心、外化于行，营造见贤思齐、崇德向善的社会氛围，同时也为先进典型的不断涌现培育了良田沃土。

（二）"特殊岗""特殊人""特殊事"

　　为什么强调"特殊"？原因在于，我们宣讲，不管讲什么主题，都要通过具体的故事予以体现。基层宣讲员来自各行各业，所从事的工作大多是普通、雷同的，假如没有"特殊之处"，你在干，别人也在干，并无典型可言。比如说加班，现在无论在哪个行业，加班都很常见。再如因为工作照顾不上家里的老人或孩子，问题是，有太多的人因为工作都照顾不上家人。所以，我认为，在普通岗位从事普通工作的宣讲员，要想宣讲出彩，比较难。

从实践看，比较而言，那些属于"特殊岗"、是"特殊人"或是有"特殊事"的宣讲员，更容易宣讲出意想不到的良好效果。

一是"特殊岗"。 比如教师这个岗位，大家都很熟悉，学校教学与管理工作几乎是透明的，毫无秘密。因为太过熟悉，所以很难讲得精彩。同样是教师，特教教师的宣讲就容易出彩。比如，2015 年"中国梦·我的价值观"百姓宣讲活动中，来自济南市育园学校的孙屿萌宣讲的《我骄傲，不是因为桃李芬芳》；2017 年"中国梦·党在心中"百姓宣讲活动中，来自济南特殊教育中心的王德萍宣讲的《点亮心灯》；2018 年"中国梦·新时代"百姓宣讲活动中，来自济南市长清区特殊教育学校的朱颖宣讲的《106 根铅笔头》。她们都是特教教师，她们用心和爱播种希望，耕耘心灵，给一群没有受到上天眷顾的孩子，点亮了人生道路上的一盏盏明灯。她们每一次宣讲，都能给听众留下深刻的印象，甚至在各级宣讲比赛中摘金夺银。

二是"特殊人"。 定义"特殊人"，只是一个比方。还是举例说明吧！无偿献血是无私奉献、救死扶伤的崇高行为。任何符合献血条件的人踊跃献血，都应该赢得社会的褒奖，他们其中的每个人进行宣讲，都能讲出爱心与奉献。

在山东献血群体中，有一位名叫扈秀花的献血者有些"特殊"，因为她的两次无偿献血，是为了救助 8000 公里外的一个"最熟悉的陌生人"。

全球造血干细胞数据库均已联网，有数据显示，一般国内非血缘关系的造血干细胞配型成功率在数万分之一，通过国际骨髓库的相合率仅有百万分之一。正因为配型成功率较低，每一例成功配型，都被视为"生命奇迹"。

扈秀花是济南市商河县一所希望小学的老师，她是一位造血干细胞志愿者，与一名意大利的白血病患者配型成功。2014 年、2016 年，仅相隔一年时间，她就两次为这位远在 8000 公里之外的意大利病人捐献造血干细胞。

2016 年，扈秀花参加了济南市"中国梦·小康情"百姓宣讲，她宣讲的是《我与意大利的两次生命之缘》，她的跨国大爱故事感动了很多人。她接受《中国青年报》记者采访时说，对于跨国无偿献血，并非所有人都真正理解她。有人称她"傻子"，也有人称她"英雄"，而扈秀花对自己的评价是："一个普通人做了一件善良的事。"

三是"特殊事"。同样的事，发生的前提不一样，它的社会价值与关注度自然不同。比如，公交站设置，这个似乎是技术性问题，在哪个地方设站，需要按照相关制度规定科学安排。但在济南市商河县，因为 2018 年设置了一个公交站点，引发全国关注，中央电视台、《人民日报》、

《大众日报》、《济南日报》等都进行了新闻报道。2020年，商河县交通运输局职工满倩参加了济南市"中国梦·新时代·话小康"百姓宣讲，她宣讲的是《为一个人设的车站》。故事的大概是：

2018年6月7日，商河县交通运输局接到一个求助电话。求助人叫吕爱国，患有尿毒症，就医不便，希望能为他在家门口设一个公交站。

不需要改变线路，公交车只需要在两个站点中间稍作停留，似乎轻而易举就可实现。但是，公交站点有设置规定，为一个人中途设站，没有先例。帮还是不帮？接完电话的第二天，满倩就和同事到吕爱国家了解情况。吕爱国家偏僻，门外荒凉，路泥泞难行，屋子狭小潮湿、墙皮发霉，加上他失明且双腿无法行走，其境况让她们十分不忍。从行业规定来说，站点以外禁止停车上下客。可能发生的交通事故就像悬在头顶的一把剑，这条安全红线没人愿碰，也没人敢碰。帮，就意味着要突破规章制度，承担责任风险。

"交通是为了谁服务？我们又是为了谁工作？面对群众的疾苦和渴盼，难道我们只能墨守成规、视而不见？"几经讨论，满倩几人最终下定决心：帮，一帮到底！不让任何一个困难群众为出行犯难！

于是，就在当天，商河2路公交线就多了一个没有站牌的站点。帮忙推轮椅、帮忙打伞……从那一天起，只要路过这个车站，每一名公交驾驶员都成了"扶贫专员"。之后，吕爱国的病情得到了很好的控制，精准扶贫的医保报销也批下来了，而且他们家还被列入了协议搬迁计划，他很快要搬新家了。曾经的忧愁烟消云散，现在，吕爱国夫妇开心的笑容里满是知足和乐观。

小故事，大道理。《为一个人设的车站》背后的故事很感人，体现了商河县交通运输部门认真践行党对人民的那声承诺："全面建成小康社会，一个也不能少；共同富裕路上，一个也不能掉队。"

再如全国先进工作者、民政部最高荣誉"孺子牛奖"获得者，"90后"入殓师辛沙沙，长相清秀、端庄温婉，像这样的女孩，人们一般不会想到她会从事殡葬行业，更不会想到她是一位入殓师。10多年来，她送走上万逝者，虽遭遇不公，但始终坚持"让逝者安息，生者慰藉"的初心，以青春担当践行新时代劳模精神。辛沙沙每一次登台宣讲，她对职业选择的笃定和爱岗敬业都会感动很多人。

类似范例还有很多，在此不再一一赘述。

（三）平凡的社会群体

当今社会，大多数人都是平凡人，但平凡人也能讲出不平凡的故事，不平凡的故事中蕴含着丰沛的时代价值。回顾过去几年涌现出的优秀宣讲员，其中大多数都是平凡的从业者，他们的宣讲同样让人感同身受、深受启发，同样赢得听众的掌声与赞誉。

对此，一位宣讲员曾这样感叹："不一定是行业能手，不一定是领导干部、专家学者、医生、警察、创业者、村支书、大学生村官等，每一个行业、每一个普通从业者都有平凡又令人感慨的故事。没有华丽的辞藻，没有富丽的修饰，没有惊天动地的成就，一个个小故事，却带来一次次大震撼——这就是我心中的百姓宣讲。"

平凡人宣讲，一个最大的难题在于缺少"典型故事"。宣讲时，假如所讲的故事社会价值不大，听众听完后没收获，宣讲员也会觉得乏味，自我感觉"镇不住"场子。这是否意味着平凡的社会群体不能参加宣讲？或者说参加了也讲不出良好效果？当然不是。基层宣讲原本就是为百姓搭建的平台，平凡的人照样能讲出不平凡的故事来。

在此，我举两个例子。

崔广君是济南市第五人民医院的一名普通干部，2017年参加了济南市"中国梦·党在心中"百姓宣讲。她宣讲的是《医者仁心》，其中分享了一段她在肿瘤病房当护士时的经历——

　　有一天夜班，我为病人刘大妈送口服药，可是刚一接近，老人却烦躁地说："出去！反正我活不了几天了，还打什么针、吃什么药？省省吧！"面对这位胃癌晚期患者，我轻轻走上前，为她倒了杯水并安慰说："大妈，您还是把药吃了吧！不吃药咋治病啊？"没想到老人一下把杯子打了出去，溅起的碎玻璃划伤了我的胳膊，血顺着手臂流了下来。原本忙碌的病房内顿时鸦雀无声，只听见老人气呼呼的喘息声。我脸一下憋得通红，紧咬嘴唇，低着头站在那里。面对这种情况，我倍感委屈，很想掉头就走，然而换位一想，作为一名护士，我面对的是一个充满恐惧与绝望的癌症病人。我忍着疼痛和委屈，继续开导她："大妈，咱谁都不想得这个病。现在的医术这么发达，只要有一线希望，咱们就不能放弃啊！"或许是因为心存歉意，老人对我不再有那么大的敌意。

这是个普通的故事，但这一段文字有对话也有心理描写，有本能反应也有理性克制，将患者与护士的"冲突"、护士内心的"冲突"，描述得淋漓尽致、活灵活现。这样的故事情节，特别能够吸引听众，同时也传递了"医者仁心、人间大爱"的正能量、好声音。

韩晓苏是济南市委办公厅的一名普通干部，2018 年参加了济南市"中国梦·新时代"百姓宣讲活动。在济南市委党校培训期间，她很苦恼，因为参加工作不久，感觉自己难以挖掘出有价值的故事。经过我和她一番细谈，她受到启发，找准了一个宣讲角度：紧扣"现在，青春是用来奋斗的；将来，青春是用来回忆的"这一"金句"，来阐述新时代的青年人哪怕是一只"菜鸟"，也要飞翔，也要飞得更高，以此宣示千千万万个"90后"小"菜鸟"们的时代追求与青春担当。结果她的宣讲非常成功，广受听众好评。

平凡人也能讲出好故事，传递好声音。概括其"诀窍"：一是以"小"见"大"，通过"小故事"反映"大主题"、阐释"大道理"，通过"小切口"折射"大时代"、承载"大情怀"。"一粒沙中看世界，一滴水里见阳光"昭示的就是这个道理。二是"避己就众"，在讲好自己故事的同时，也要讲好身边人的故事，讲好行业的故事。要善于挖掘和发现身边、行业中的典型故事，将"小我"融入"大我"，通过充分展示"群像"来增强故事的厚重感，让宣讲更能彰显时代价值。

四、写好宣讲故事需具备的 N 个元素

说到写典型故事，很多人自然联想到新闻写作中强调的"五个 W"，即何人（Who）、何事（What）、何时（When）、何地（Where）、何故（Why）五要素。这些要素，可以让人知晓事情的来龙去脉、前因后果。

撰写宣讲故事，熟练驾驭"五个 W"是最基本的要求，也即，讲述故事，最起码要讲清楚何人在何时、何地，为何故发生了何事，讲清楚基本的故事脉络。

除此之外，典型故事＝基本要素＋附加要素。基本要素：冲突、行动和结局。附加要素：情感、细节、修饰和展示。

（一）基本要素

一是冲突。无冲突，不故事。看影视剧时，人们都喜欢看跌宕起伏的故事情节，而不喜欢整段剧情波澜不惊、平淡如水。写故事，写出矛盾和冲突，才能引人入胜，抓住受众的心。冲突可以是环境跟你的冲突，别人跟你的冲突，或是你和自己的冲突。

二是行动。有行动，才有灵魂。面对矛盾、冲突，如何克服、化解，你做了哪些事，并如何促进自己实现思想转化……在故事发展的过程中，通过行动来串联故事主线，层层递进，使故事情节变化而让冲突升级，让观众跟着这个节奏走。

三是结局。凡事有因有过程，也得有"果"。这个"果"，可以强化宣讲主题，突出宣讲的感染感召力和社会引领功能。

（二）附加要素

一是情感。宣讲时，宣讲员与受众要建立共鸣的连接。情感是点睛之笔，它能调动受众的感性思维，让受众产生一种代入感。没有情感的宣讲，容易呆板、僵化，缺少生命力。

二是细节。一个讲故事的高手，是非常善于描述细节的。一部好看的小说、影视剧能够吸引人的原因之一，就是对故事细节的刻画与描述出彩。写故事就像画画，我们想要的是"工笔画"，而不是"大写意"。讲故事，需要讲出清晰的"画面感"，而不能迷迷糊糊、朦朦胧胧的，如此受众才能对宣讲产生现场感、代入感、认同感。

三是修饰。讲故事时，语言不能干巴巴，毫无感染力、生命力，需要对故事进行一些修饰，如使用比喻、类比、夸张、拟人等手法。要把故事讲得活灵活现、栩栩如生，能吸引住受众的心，使受众在聆听精彩故事的同时，潜移默化被感染、被感召，从而起到"润物细无声"的良好宣讲效果。

四是展示。展示是宣讲的表达方式。撰写宣讲文章，要注意逻辑关系的递进和文字的表达。宣讲时，要注重语言表达，通过肢体语言、面部表情以及语调来调动观众的注意力。

掌握了以上要素，我们又该如何筛选典型故事呢？一是必须选择与主题契合的故事；二是要搜肠刮肚，认真挖掘出具有时代价值的典型故事；三是敢于、善于取舍，把真正的好故事筛选出来。

　　说到底，文似看山不喜平。想要写好典型故事，故事要有矛盾和冲突，情节要跌宕起伏、波澜壮阔，结局要画龙点睛、一语中的。

第六讲
如何体现宣讲主题

无主题，不宣讲。

宣讲，具有很强的指向性和目的性，没有指向、目的，宣讲就没有了方向和"靶心"，也就没有了意义。

每一阶段的宣讲大主题是确定的，但大主题之下的小主题是可以选择的。所谓小主题，就是选取大主题的一个视角或一个截面，但归根结底紧扣和反映的仍然是大主题。假设大主题是一个"面"，那么不同宣讲员选择的就是大主题这个"面"上的"点"。百"点"齐放，绽放出的是灿烂绚丽的"面"。

一、主题是宣讲的灵魂

谈到宣讲主题，有些人可能觉得太"学术"，听不明白，也不理解。在这里，我讲一个小故事。

我和共青团济南市委员会一位负责同志曾同在一个小区居住，一次闲聊时他说："惠老师，您经常参与很多单位的宣讲员选拔和培训工作，能否推荐几名优秀青年宣讲员，帮助我们组建青年宣讲团啊！"

我说："没问题，你说说条件，我给你推荐。"

他沉思一会儿说："刚组建，先推荐5名吧！年龄不能超过35周岁，希望有讲爱岗敬业的，有讲红色基因传承的，有讲乡村振兴的，有讲担当奉献的……"

根据这些条件，我在脑海中搜索、过滤，当时推荐了几位人选：济南市城管局城肥清运管理一处青年职工陈国瑞、济南市纪委派驻第十纪检监察组青年纪检员曹媛、济南战役纪念馆团支部书记杨珊珊等。

2018年5月4日上午，济南市纪念五四运动99周年暨"弘扬五四精神，传承红色基因"青春宣讲活动启动仪式在济南龙奥大厦举行，济南市青年宣讲团正式成立。市委宣传部、市人大、市政协、团市委等相关领导参加活动，5位宣讲员围绕红色基因传承、乡村振兴、奉献担当、廉政建设等主题进行了生动的宣讲。

　　成立当年，济南市青年宣讲团深入基层一线广泛开展青春宣讲活动24场，直接覆盖青年受众7600余人次，得到各界青年广泛好评。目前，这支宣讲团汇聚了一大批社会各界的青年精英，成为全市青年理论宣讲的"轻骑兵"。

　　看完这个小故事，我们应该直观感受到，这里提到的红色基因传承、乡村振兴、奉献担当、廉政建设等话题都是宣讲主题。

　　在不同文体的文章中，主题有不同的习惯叫法：在记叙文中叫中心思想，在说明文中叫说明中心或中心意思，在议论文中叫中心论点或基本观点。在宣讲文稿中，叫宣讲主题。

　　宣讲主题，就是宣讲的目的。如果目的不明确、模棱两可，那么宣讲就失去了意义。所以说，主题是宣讲的灵魂，是贯穿宣讲的主线，统领整个宣讲。文章的选材、结构布局、语言表达也必须围绕主题，服务主题。

　　纲举目张，从一定意义上说，主题就是文章的纲。有了纲，选材、结构布局、语言表达就有了依据，丰富复杂的材料就能条理清楚、主次分明、突出本质，从而形成一体。纲不举，即主题不明确，目就不能张，写出的文章就会是材料的堆砌，杂乱无章。因此，撰写宣讲稿首先要考虑主题，没有主题就没有目的，宣讲便失去了价值和灵魂。

　　无主题，不宣讲——这是宣讲的一个标准。

二、宣讲主题一般都是预设的

人们常说，写文章是一个"苦差事"。说苦，我认为不仅仅在于挖掘故事、整理文字，还在于动笔之前需要冥思苦想，反反复复地推敲最终要讲什么。一个人想讲的内容肯定很繁杂，选择典型故事，聚焦一个主题，并非易事。所以很多人在宣讲之前都很困惑：该讲什么呢？

思考讲什么，实质是在权衡宣讲的目的，也就是确定宣讲主题。回顾这些年，不管哪个层面、哪个单位组织宣讲，宣讲主题其实都是预设好的。

以"百姓讲故事"为例。这些年，山东省组织开展的"中国梦"系列宣讲都是有鲜明主题的：2015 年，主题是"中国梦·我们的价值观"；2016 年，主题是"中国梦·小康情"；2017 年，主题是"中国梦·新时代"；2018 年，主题是"中国梦·党在心中"；2019 年，主题是"中国梦·新时代·祖国颂"；2020 年，主题是"中国梦·新时代·话小康"；2021 年，主题是"中国梦·新时代·话小康·跟党走"；2022 年，主题是"中国梦·新时代·新征程"；2023 年主题是"中国梦·新时代·新使命"……

再看其他各行各业组织的宣讲活动，主题也都是预设的。比如，2020 年，济南市举办了"牢记嘱托、决胜脱贫"扶贫宣讲活动；2021 年，济南市属国企举办了"三牛"先锋事迹宣讲活动；2022年，济南市纪委监委机关、济南市妇联联合举办了"德润家风、清廉济南"泉城好家风巡讲活动等。

宣讲不仅有预设主题，而且对宣讲形式和宣讲要求也有明确规定。以济南为例，2022年4月，济南市委宣传部、市委网信办、市委市直机关工委、市委教育工委、市总工会、团市委、市妇联、市国资委联合下发《关于在全市开展"中国梦·新时代·新征程"百姓宣讲活动的通知》，其中要求——

宣讲主题：中国梦·新时代·新征程。

宣讲形式：

1. 理论类。对通过党的创新理论形成的历史逻辑、理论逻辑、实践逻辑深入浅出阐释解读，重实效、有启发。

2. 故事类。通过典型、生动、感人的故事情节和通俗易懂的语言，讲故事、悟思想。

3. 曲艺类。通过说唱、戏曲、相声、快板、快书等大众喜闻乐见、易于接受的表现形式，亮观点、拉事理。

4. 视频类。通过自编、自导、自演微视频短片，坚持内容与形式相统一，摆事实、明道理。

宣讲要求：

1. 主题鲜明，导向正确。紧扣"中国梦·新时代·新征程"这一主题,把握理论大众化、通俗化的特点规律,既有理论高度、感情温度、实践厚度,又有较强的吸引力、感染力、说服力。能够引发广大干部群众的思想共鸣,进一步提振建功新时代、奋进新征程的精气神。

2.故事典型,形式活泼。坚持贴近实际、贴近生活、贴近群众,说理深入浅出、材料典型准确、形式生动活泼,能够把科学理论融入感人故事,把抽象道理融入鲜活人物,把深邃逻辑融入通俗话语,把理性思考融入感性场景,集中展现济南人民建设新时代社会主义现代化强省会的信心和决心。

理论类、故事类、曲艺类宣讲时间控制在8分钟以内,视频类时长5分钟左右。

3.感情真挚,启发性强。突出百姓特色,说百姓话、拉百姓理,语言生动朴实,讲述动情感人,让人听后有所感悟、有所启迪。进一步增强广大干部群众对习近平新时代中国特色社会主义思想的政治认同、思想认同、理论认同、情感认同。

从上得知,宣讲主题、形式和要求都是组织单位明确的,宣讲员撰写稿件,须以此为标准选取故事、构思框架、组织语言,最终成稿。

或许有人问,每个人的职业不同、岗位不同、经历不同,故事也就不同,那么如何统归于一个主题进行宣讲?

理解这个也不难！最近几年的"中国梦"系列宣讲活动，2022年百姓宣讲侧重"新征程"这个主题。怎么理解"新征程"？

一代人有一代人的使命，一代人有一代人的长征。这一代人的使命和长征是什么？党的十九大早已给出明确而坚定的答案——从党的十九大到党的二十大，是"两个一百年"奋斗目标的历史交汇期。我们既要全面建成小康社会、实现第一个百年奋斗目标，又要乘势而上开启全面建设社会主义现代化国家新征程，向第二个百年奋斗目标进军。开启全面建设社会主义现代化国家新征程，就是我们这一代人的使命和长征。

对于一部分人而言，并不能直观透彻地理解"新征程"的含义，在基层宣讲中也不适合大段大段抄录、背诵政策。怎么办？很简单！就是注重对象化，瞄准问题，从"小切口"解析"大道理"，用"小故事"反映"大时代"，以此表达我们在新时代新征程上展现出的新气象新作为，为实现第二个百年奋斗目标、实现中华民族伟大复兴的中国梦而不懈奋斗。"积水成河，聚沙成塔"，在实现第二个百年奋斗目标、实现中华民族伟大复兴的中国梦伟大征程上，每一个人的努力与贡献虽然是"微薄"的，但都是汇成大河的一滴"水"、垒塔的一粒"沙"。

在这里，"中国梦·新时代·新征程"是这次宣讲的大主题、总论点，每一位宣讲员要传播的、能以故事反映的各种正能量和好声音，我们可以看作是小主题、分论点。

可见，每一阶段的宣讲大主题是预设的，但大主题之下的小主题是可以选择的。所谓小主题，就是选取大主题的一个视角或一个截面，但归根结底紧扣和反映的仍然是大主题。假设大主题是一个"面"，那么不同宣讲员选择的就是大主题这个"面"上的"点"。百"点"齐放，绽放出的是灿烂绚丽的"面"。

三、宣讲主题的价值选择

这里说的"价值"，不是从哲学或经济学方面进行深层次剖析的，而是指宣讲价值主要体现在哪些方面。

（一）选取的故事是否有价值

我经常对一些宣讲员讲，我们宣讲不要动不动去讲加班不容易，顾不上孩子和老人。为什么？因为在当今社会，"白加黑""五加二"工作模式并非鲜见，讲加班多么不易，实际上感动不了别人。

再就是一些选调生或基层公务员，动不动就要描述乡镇或农村环境条件艰苦，然后浓墨重彩渲染个人内心的矛盾和纠结，以此把自己的"光辉形象"树立起来。其实这是一厢情愿的自我臆想。试想，相比于"你"到乡镇或农村工作一两年，当地的老百姓可是祖祖辈辈生活在那片土地上，当地的基层干部可是数十年如一日扎根在那片土地上，为什么"你"去那里工作一两年就显得那么悲壮、那么伟大、那么了不起？所以，"你"的矫情别人听不懂，而且还会招致反感。尤其是，有些人宣讲，讲的都是一些普通的日常工作，和其他人的工作并无二致，像这样的宣讲，受众听了，肯定觉得平淡如水、无聊乏味。

所以，针对上述所讲的，我建议各位宣讲员，一定要学会换位思考，站在受众的角度反向审视自己要宣讲的故事是否具有典型性、独特性，是否具有价值，受众是否愿意听，然后从中进行自我评估，权衡宣讲内容的价值性。

2022 年，来自济南市天桥区人民法院的庄丽梅参加比赛时宣讲了《天平》，讲的第一个故事就是"加班"。因为过度加班，有一次她一下子昏倒在办公室。即使如此，她仍斩钉截铁地讲："地球不爆炸，我就不放假。"我指导她时建议："你是一名刑事诉讼的助理法官，守护公平正义、惩恶扬善是你的职责，你经历的典型故事应该很多，不应该选择加班这样的故事。"后来，她调整了撰稿思路，着重围绕"办案"故事撰写宣讲稿，使宣讲内容变得更加深刻、厚重。最终，她在市宣讲比赛决赛中获得一等奖。

（二）宣讲主题是否有价值

凡是有正能量的宣讲主题都是有价值的，但价值有大有小。既然站在讲台上面对受众宣讲，当然要追求价值实现最大化。反观现实，宣讲员在主题价值选择方面主要存在三个问题。

第一个问题：宣讲无主题。百姓宣讲要讲故事，但讲故事的目的是阐释大道理，这个"道理"就是主题，通过主题实现宣讲的价值。但有些人写宣讲稿，片面认为宣讲就是讲故事，要么把宣讲稿写成再现个人生活、工作情景的"流水账"，要么简单罗列、堆砌一大堆故事。至于写这些故事到底想表达什么观点、体现什么主题，有些宣讲员自己都不明晰，试问受众听了岂能不茫然困惑？

2022 年 7 月 7 日，我去济南市某区参加宣讲座谈交流活动，有一位基层专职社区工作者在活动现场示范宣讲了《当我成了小网红》。故事内容很有价值，大致意思是：社区工作千头万绪，而且工作同质化，工作人员办事效率不高。怎么办？她突发奇想，专门研究抖音，做起了"社区网红"。借助抖音平台，她为社区群众做了很多好事实事。

8 分钟的宣讲，她讲的都是故事。听完后我问她："你宣讲的主题是什么？宣讲的目的是什么？"

她一时语塞。我告诉她："你宣讲的故事很有价值，阐述的主题是基层社会治理创新：做'社区网红'，及时宣传党的理论政策，及时传递信息，及时了解社情民意，及时给居民办好事、办实事。这种基层社会治理创新做法值得推崇和推广，其他基层社区工作者可以借鉴和效仿。"

她听毕赶紧说："我只知道讲故事，认识不到我的做法与基层社会治理这个主题有关，更认识不到它的推广价值在哪里。"

我说："对啊，讲故事不能一味罗列故事，关键在于提炼主题。宣传党的好理论好政策，推广基层治理创新经验与做法，能让宣讲变得更有价值。"

对于百姓宣讲，我们需要面对一个现实：有一些宣讲员来自基层，政策水平不高、理论功底不深，他们讲故事可以，但对标主题、提升理论的确有些困难。所以，对骨干宣讲员要进行培训和指导，帮助他们提升宣讲稿质量，升华宣讲主题。如此才能让百姓宣讲更加有高度、有深度、有厚度、有温度。

第二个问题：主题不鲜明。为了充分体现主题，有些人习惯在宣讲稿中大段大段地摘抄一些理论语句，认为这样宣讲才有政治高度、思想深度，才能契合主题。其实这是一种误解。百姓宣讲和理论宣讲是有区别的，百姓宣讲面对的是基层群众，要求讲的是故事，所以宣讲时要寓理于事，用百姓喜闻乐见的形式将宣讲内容形象化、具体化、生动化，从而不断增进受众的政治认同、思想认同、情感认同。

有些人宣讲之所以主题不鲜明，原因是多方面的，但最主要是因为政策水平不高、理论功底不深，结果自己所要讲的典型故事不能准确对标和体现主题，只能胡乱联系，生拉硬拽，凭借既有的一星半点政策理论知识生硬"嫁接"。受众听后会感觉宣讲内容与主题是"割裂"的，前后明显不对应，有张冠李戴之嫌。

所以，我们要想廓清宣讲目的、主题鲜明，很重要的一点就是平时下足功夫，多学习政策理论，多学习时事政治，既要学会讲故事，也得学会阐述理论。这样，才能有的放矢，让故事和主题契合、对应起来，不折不扣地实现宣讲的目的。

第三个问题：主题价值小。主题价值的大小，取决于故事的厚重与否。虽然说"三百六十行，行行出状元"，但故事不同，主题不同，价值当然也有区别。

有一年，我去济南市某区组织的一个宣讲比赛当评委，其中获得一等奖的选手有三位。第一名是一位小学老师，讲的是她对一位女生"误解"的故事。有一天，这个女生上课迟到了，浑身脏兮兮的，老师严厉批评了她。放学后，这个女生怯生生地找到老师，从书包里掏出几把红枣，说她家的红枣熟了，为了采摘红枣，她划破了手臂，也耽误了上课时间……听明原委后，老师眼睛湿润了，赶紧向女孩道歉。宣讲时，这个老师把握宣讲技巧比较好，听众和评委听了后都眼眶热热的。

该区需要从这三名一等奖获得者中推荐两名参加市级比赛。主办方征求我的意见时，我没有推荐这位老师。为什么？相比乡村振兴、红色基因传承等主题，我感觉这位老师宣讲的主题价值小。强调一下，我说的是相对而言。

其实，即使是同样一个故事，选择角度不同，主题价值也有大小之分。以国家税务总局济南市税务局的左琳撰写的宣讲稿为例。在2022年济南"中国梦·新时代·新征程"百姓宣讲比赛中，她写的故事虽然内容没有多大变化，但经过数次修改提炼，主题却变化了三次，且越来越有时代价值。在此我们比较一下。

第一稿：

不被大风吹倒

曾有一位青年朋友在"莫言"公众号留言："如果人生中遇到艰难时刻，该怎么办？"莫言回复："不被大风吹倒。"

在回复中，莫言讲述了自己小时候的亲身经历："当狂风袭来，爷爷车上的草被刮扬到天上去；我被风刮倒在地，双手死死抓住两丛根系很深的牛筋草，才没被风刮走；爷爷没有躲避，他双手攥着车把，脊背绷得像一张弓，与狂风对峙，仿佛一尊雕塑。"

这种艰难时刻的坚忍让人为之动容。

在莱芜区税务局也有这样一群充满韧劲的党员：面对组织收入、减税降费、脱贫攻坚、疫情防控等一场场硬仗，他们并肩作战，志不求易、事不避难，彰显了"税务铁军"的担当。

……

看着淑秀、龙飞，还有身边一个个年轻的面庞，我常常在想，哪有什么"税务铁军"？只不过是一副副柔弱的臂膀，因为党徽印心间、税徽扛肩上，所以拥有了无穷的力量，不被大风吹倒，不被困难压倒，把一场场改革攻坚的飓风，化为便民办税的春风，用税务人的辛苦指数，换来了纳税人的满意指数、经济社会的发展指数。有时，我们也会脆弱，但我们勇敢、坚忍，在波澜壮阔的改革大潮中，在奔腾不息的时代浪花里，我们都是不被大风吹倒的济南税务人！

点 评

这是左琳参加济南市"中国梦·新时代·新征程"百姓宣讲预赛的稿子。她以作家莫言的一句"不被大风吹倒"，来形象地比喻莱芜区税务人面对组织收入、减税降费、脱贫攻坚、疫情防控等，能够并肩作战、事不避难、敢于担当、主动作为，彰显出了"不被大风吹倒"

的税务人精神！这一稿主题侧重税务人的担当作为。宣讲员为济南市莱芜区税务人代言，赞美"税务铁军"。

第二稿：

退税减税一线的青春力量

这是一份必须全力以赴的政治任务，这是一场必须尽锐出战的硬仗大仗。

面对复杂严峻的国内外形势，为应对经济下行压力、稳住宏观经济大盘，党中央、国务院推出一系列新的组合式税费支持政策。

广大税务干部争分夺秒、担当作为，以钉钉子精神和工匠精神抓好政策落实，不辜负党中央、国务院的重托和广大纳税人、缴费人的信任和期待。

而在落实退税减税政策的队伍中，有一群始终冲锋在前的"税务蓝"格外引人注目。他们是生力军，他们是先锋队，他们就是新时代的税务青年！

……

退的是企业，站的是人民立场，赢的是民心。疫情期间，正是因为税费政策支持，企业拿到"退税红包"，坐享"税费红利"。疫情得到有效防控后，企业复工了，生产"转了起来"，堂食恢复了，城市烟火气重新升腾起来。

稳经济、保民生、促发展，在退税减税赛道上，税务青年为服务"国之大者"贡献着青春力量。青春的底色永远是奋斗。生逢其时、重任在肩的中国税务青年正以新时代奋斗者的姿态，奋战在退税减税战场上，用实际行动为稳定宏观经济大盘、推进高质量发展作出积极贡献。

点 评

这是在济南"中国梦·新时代·新征程"百姓宣讲骨干培训班上修改的一稿，主题有明显变化。主要侧重于聚焦税务人勇于担当作为，积极落实中央推出的一系列退税减税政策，用"税红利"助企业纾困解难。但这一稿侧重讲助力企业纾困解难的"税动力"，主题明显鲜明和厚重。

第三稿：

退税减税的"大事""小情"

各位都知道，从 2020 年开始，每逢新冠疫情进入高发期，社区封控、企业停产、店铺关停，整个城市就按下"暂停键"。为了救企业、兴经济，党中央、国务院推出一系列组合式税费支持政策，这是必须全力以赴的政治任务，也是一场必须打赢的复工复产攻坚战。

　　作为莱芜区税务局税收宣传员、退税减税专班的一员，我和同事们一起，闻令而动，尽锐出战。

　　……

　　在这里，我想问大家一个问题，你们知道为了助力企业复工复产，全国预计全年退税减税多少钱吗？2.64万亿。只在莱芜区，今年1至5月份，区税务局就为上万户次纳税人落实税费优惠政策15.42亿元。无论是关系企业存亡的"大事"，还是关系企业利益的"小情"，为每一户企业退税减税，我们站的是人民立场，赢的是民心，奉献的是税务人的使命与担当。

　　每一次疫情得到有效防控后，每一次看到企业复工复产、堂食恢复开放、城市烟火气重新升腾起来时，我们税务人都自豪地感觉到：为企业退税减税所付出的一切，值！

　　疫情还会反反复复吗？我们无从预知！但疫情无情人有情，凝聚力量共前行。抗击新冠疫情，为企业纾困解难源源不断注入"税动力"，我们税务人，时刻准备着……

点　评

　　这是决赛稿，主题很鲜明突出：抗击新冠疫情，税务人用奉献与担当，通过退税减税为企业纾困解难源源不断注入"税动力"。

　　预赛宣讲稿内容，是税务人自我赞美"税务铁军"；培训时第一稿内容，写的是税务人勇于担当作为，用退税减税助力企业纾困解难；决赛稿，主题完全以退税减税为主线，强调在新冠疫情之下，为了救企业、兴经济、党中央、国务院推出一系列组合式税费支持政策，打赢了复工复产攻坚战，让城市烟火气重新升腾。典型故事基本未变，但主题发生了变化，宣讲内容变得非常厚重，契合当时全国"一盘棋"抗击新冠疫情的时代背景，宣讲于是变得更加有价值和意义。

四、宣讲如何体现主题

　　宣讲体现主题，和写议论文时提出中心论点并不完全一样。撰写议论文如何提出中心论点？老师讲给学生的"套路"是：有的文章标题即为中心论点；有的文章在开头提出中心论点；有的文章在结尾归纳出中心论点；有的文章利用中间某个承上启下的句子提出中心论点；有的文章没有直接给出中心论点，需要读者归纳概括。

　　具体而言，撰写议论文，一般是提出论点和分论点，然后讲道理、摆事实、列数字、举例子，谈古论今，引经据典，旁征博引，用论据论证论点。

　　百姓宣讲体现主题，一般是通过讲述典型故事，化"大主题"为"小切口"，寓"主题"于"故事"之中，或者通过寥寥数语，画龙点睛地将主题体现出来，不需要用太多的手段论证主题。百姓宣讲的主题必须是完全正确的，不需要论证。

那么，如何在宣讲中旗帜鲜明地亮明主题呢？

（一）在标题中体现主题

标题即主题，这在宣讲中比较常见，这样的标题，可以使人一目了然地了解宣讲的主题。

例如，2017 年，山东省组织开展的宣讲主题是"中国梦·党在心中"。当年，济南的宣讲员中，章丘区仇环环的宣讲稿标题是"唱支山歌给党听"；槐荫区刘华丽的宣讲稿标题是"一心跟党走"；市发改委崔丽丽的宣讲稿标题是"一路格桑献给党"。

（二）在开头或结尾体现主题

在开头开宗明义，直抒胸臆，直接点明主题。或者在结尾时作总结，亮明主题。

例如，2015 年，山东省组织开展的宣讲主题是"中国梦·我们的价值观"。是年，来自泉城公园管理处的刘淑芹宣讲的是《扮靓城市的"化妆师"》。在开头，她写道——

1993年，因为喜欢园林那种醉人的绿色美，我从山东师范大学取得硕士学位后，毅然来到了泉城公园，成为一名园林人，而且一干就是二十年。有一次大学同学到公园来看我，他看到我在园里干活的样子，摇了摇头说："放着体面的教师不当，整天风吹日晒地锄草栽树，哪还有点知识分子的样？"我笑着答道："园林工作虽然辛苦，却是创造城市美的职业，我要用智慧和双手，用园林扮靓我们的城市。"

在20世纪90年代，一个堂堂的高校硕士研究生可以有非常多的职业选择，包括进机关、高校等，但刘淑芹却选择了一个不起眼的公园，当了一位"花农"，在当年的确让人费解。她在宣讲中一开始便开宗明义，"用智慧和双手，用园林扮靓我们的城市"——这就是她的"梦"、她的"价值观"。

再如，2015年，来自济南市市中区的社区工作者于燕飞宣讲的是《大时代里的"小巷总理"》。她是一名大学生，长期扎根于基层，担任"小巷总理"。宣讲时如何体现"我们的价值观"这个主题？在宣讲一开始，她娓娓道来——

"千家万户串门子，走遍街巷看脸子，跑断腿肚子，磨破嘴皮子，想尽好法子，出光亮点子，不是闲不了，就是好事佬。"这是当今社区居委会干部的真实写照。

多年的社区工作让我与市中区王官庄诚品苑社区的居民成了一家人。电梯停电找"于闺女",上不去网找"于姐姐",楼道灯不亮了要找"眼镜阿姨"……

在宣讲前面的部分,她只是讲故事,没用过多的议论。但在最后结尾时直接亮明宣讲主题——

"有人说,你这么年轻,在社区里有什么奔头啊?"我认为,社区工作有奔头、有干头,我还很有劲头。社区的舞台虽小,但每个人都有自己的精彩。

于燕飞的这篇宣讲稿,通篇没有提及"社会主义核心价值观"9个字,但"大时代里的'小巷总理'"这个标题,以及寥寥数语的结尾,已经将宣讲主题阐释得清清楚楚:在新时代,她甘愿在社区这个小舞台上实现人生大价值。

2020年山东百姓宣讲的主题是"中国梦·新时代·话小康"。当年,胶州市铺集镇河西庄村党支部书记盛旭辉宣讲的是《真心真情为百姓》。在结束语中,他简明扼要地阐明宣讲主题——

我常想,什么叫"百姓利益无小事"?你只要把老百姓放在心上,为他们真心实意办实事、解难事,老百姓就一定信任你、拥护你。还是习近平总书记说得好:"人民对美好生活的向往,就是我们的奋斗目标。"

121

（三）在典型故事之后直接点明主题

在典型故事之后，非常自然巧妙地引出宣讲主题，这在宣讲实践中最为常见。

亓民川，济南市莱芜区人民法院城西法庭庭长、一级法官，2019 年 6 月被山东省委、省政府授予山东省"人民满意的公务员"称号，2021 年 6 月 28 日被中共中央授予"全国优秀共产党员"称号。2021 年，他参加了山东省"中国梦·新时代·跟党走"百姓宣讲活动，宣讲的是《愿做百姓满意的基层法官》。

"只要你和老百姓掏心窝子，他们就会把你当成亲人。"这是在基层法庭工作了 25 年的亓民川最切身的体会。作为一名法官，亓民川把"定纷止争，案结事了"作为工作的基本要求，扎扎实实为群众解难题、维权益。25 年来，亓民川坚持在基层法庭审理案件，累计结案 3000 余件，办案质量连续多年实现了"三无目标"，即无积案、无超审限、无错案发生，实现了法律效果和社会效果的统一。在宣讲中，他在故事之后体现主题——

> 习近平总书记曾指出："金杯银杯不如老百姓的口碑。干部好不好不是我们说了算，而是老百姓说了算。"只要能踏踏实实地为老百姓干点实事，比啥都强。25 年，我用坚守诠释了一名基层法官最朴实的为民情怀。

在实践中，有些宣讲员为了体现和突出主题，习惯在开头或结尾大段地引用理论阐述，或者反反复复空谈理论，这是一种认知误区。在本书中我反复强调：故事类宣讲，一般是寓"情"、寓"理"于故事之中，通过故事阐释深刻道理，潜移默化地感召人、影响人。体现和突出主题，理论阐述要适度，不宜太多太长，否则，容易削弱宣讲效果。毕竟，故事类宣讲有别于专家学者的理论宣讲。

第七讲
如何拟定宣讲标题

看人先看眼，看文先看题。标题是文章的"面孔"，是新闻的"眼睛"。只有"面孔"诱人、"眼睛"传神，才能留住读者。宣讲标题也是这样，好的标题能够揭示宣讲主题，贯穿全文，交代宣讲主要内容，表明写作对象，透露情感主旨，设置悬念，激发听众兴趣等。

我们上初中、高中时，老师讲评作文，谈到一篇文章的布局谋篇，总喜欢拿建筑作比喻：建一座高楼，首先要设计图纸；做一篇文章，首先要布局谋篇。

这个比喻恰如其分。写作文，首先要围绕文章所要表达的中心，对材料作全面梳理，设计好全文的框架，使文章层次、结构清晰，材料的使用各得其所，在言之有物的基础上，做到"言之有序"，并依据与主题的契合度，确定材料的先后与详略，或并列或层层递进地构思全文。

写宣讲稿也要布局谋篇，并在拟定框架之后列出写作提纲，其中包括起什么标题、怎样开头、怎样结尾、中间部分怎样展开、如何承接与过渡等。只有考虑成熟，才能"下笔如有神"，一气呵成。

当然，学生写作文一般是限时的，尤其是考试时，要求在短短几十分钟的时间内完成几百字的习作。但撰写宣讲稿没有时间限制，可以开展调研调查、求助别人给予指导。即便成稿，也可以推倒重来，随时修改润色。

关于宣讲稿布局谋篇，这一讲主要讲讲宣讲稿的标题。

一、宣讲标题拟定技巧

看人先看眼，看文先看题。标题是文章的"面孔"，是新闻的"眼睛"。只有"面孔"诱人、"眼睛"传神，才能留住读者。可以说，标题在很大程度上决定了读者的阅读取舍。宣讲标题也是这样，好的标题能够揭示宣讲主题，贯穿全文，交代宣讲主要内容，表明写作对象，透露情感主旨，设置悬念，激发听众兴趣等。

给宣讲稿起个好标题，主要有以下几种技巧。

（一）以贯穿全文的线索拟定标题

有些标题犹如一根线，贯穿全文，使故事紧凑集中而不凌乱，主题充分体现而不散，寓情于理，寓理于故事，从而达到良好的宣讲效果。这根"线"可以是具体的人，也可以是具体的物。

比如，《一碗豆腐脑》这篇文章，是2021年中共山东省委宣讲团在广泛开展基层理论宣讲、深入推进科学理论大众化通俗化基础上，开展"决胜小康 奋斗有我"故事稿件征集活动中，济南市平阴县孔村镇前大峪村第一书记苏广秋撰写的宣讲稿。一碗豆腐脑，是贯穿全文的线索。一碗豆腐脑，让作者读懂了村民的纯朴与信任，认清了第一书记的价值，激发了自己为全面建成小康社会再接再厉、再创佳绩的激情与豪气。

再如，在2021年山东省"中国梦·新时代·话小康"百姓宣讲（故事类）中，新泰市放城镇组织办干事陈帅宣讲的《中原村的小黑板》，滕州市东郭镇扶贫办副主任曹莉宣讲的《一封感谢信》，济宁市汶上县人民法院科员程会会宣讲的《这些年，爸妈住过的房子》，聊城市茌平区振兴街道办事处工作人员王云宣讲的《刘大娘的大白菜》，淄博市高青县田镇街道办事处党建办科员丁姬瑶宣讲的《一杯热乎乎的小米粥》……这些标题中的小黑板、感谢信、房子、大白菜、小米粥等，都是宣讲稿中的线索。

宣讲员按照线索布局篇章、体现主题，这种拟定宣讲标题的做法比较常见，俯拾皆是，如宣讲稿《65枚纪念章》《十八盘村淘宝店》《我的师傅》《红色课题》《扮靓城市的"化妆师"》《我的爷爷朱彦夫》《传家宝》《我的爱心食堂》《我是一名村支书》《娘家人》等。

（二）以概括宣讲内容拟定标题

标题就是主题，主题就是标题，寥寥数字，概括出宣讲主旨内容。像这样的标题，即便受众还没有开始听宣讲，从标题也能知晓一个大概内容。

比如，学习出版社出版的《决胜小康 奋斗有我——百姓故事100例》一书中，收录的山东省审计厅审计三处一级科员相梦龙撰写的《巧手编织致富梦》，这是一篇典型的以概括文章主要内容而拟定标题的宣讲稿。

2018年9月，按照省委"千名干部下基层"的部署，相梦龙作为乡村振兴服务队的一员来到东营市利津县北宋镇佟家村进行帮扶。怎么帮扶？服务队调研发现，佟家村有编织地毯的手工活基础，草编制品又符合现代人对原生态、无污染工艺品的追求，而且黄河滩区原材料丰富，沟渠里有蒲草，可就地取材，几乎是零投入，很适合妇女儿童在家编织生产。于是，服务队争取地方人社局、妇联等部门的支持，聘请专家授课，教授村民套杯、蒲团、花瓶、坐墩等手工艺品的编织。成立圆梦手工编织合作社，辐射周边诸多村建立草编基地。打造网上销售平台，最终做大乡村草编产业，助力农民实现致富梦。

仍以此书为例：济南市章丘区双山街道三涧溪村党委书记高淑贞的《三涧溪村的幸福小康路》，青岛露涎春茶业有限公司经理鲁琦的《茶香飘溢致富路》，枣庄市城市公共交通集团有限公司市中分公司副经理王娜的《公交车开出幸福路》，临沂市委讲师团文化企业宣传服务科副科长孟鹏的《文化扶贫"智"在必行》，滨州市惠民县齐发果蔬有限责任公司总经理吴元元的《种下小蘑菇 撑起"致富伞"》等，都是以概括内容拟定标题的。

再以《中国梦·新时代·跟党走》一书为例：淄博市中心医院产科主治医师张飞跃的《初心映照援藏路》，山东省建筑设计研究院有限公司总经理王宝峰的《用忠诚担当"建设"美丽家园》，菏泽学院商学院教师毛嘉宁的《鞠躬尽瘁为"农仆"》等，都用标题高度概括了宣讲的主要内容，让人一目了然，真正起到了"窥一斑而知全豹"的良好效果。

（三）以典型故事拟定标题

宣讲要讲典型故事，讲故事必须见人、见事、见情。以典型故事拟定标题，也是宣讲稿拟题比较常见的一种方式。

如《决胜小康　奋斗有我——百姓故事100例》一书收录的文章：济南市莱芜区和庄街道乡村振兴办公室主任陈雪的《我帮老乡做电商》，淄博公用事业服务中心清洁取暖科副科长杨继安的《我和后大泉的故事》，东营市垦利区郝家镇团委书记黄静的《我回家乡当村官》，济宁市泗水县柘沟镇朱家村党支部书记助理王秋琰的《我在基层做助理》，聊城市委讲师团副团长杨士武的《我把驻村当故乡》等。

再如《中国梦·新时代·跟党走》一书收录的文章：烟台市中集来福士管装车间班长杨德将的《我和"蓝鲸1号"的故事》，青岛市市北区百姓宣讲团副团长董秀格的《72岁，我入党了》，山东钢铁股份有限公司莱芜分公司棒材厂轧钢班班长李仁壮的《24年入党路》等。

看看这些标题，几近大白话，非常接地气。这样的标题简单明了、通俗易懂，非常适合百姓宣讲，也非常适合好声音的传播。

（四）以情感抒发拟定标题

拟定标题一般务"实"不务"虚"，但在实践中，适当、恰当使用情感类抒发用词做标题，效果也很不错。

以《决胜小康　奋斗有我——百姓故事100例》一书收录的文章为例，济南市章丘区宁家埠街道大桑树村村民孟凡华的《脱贫路上迎来灿烂阳光》，华电龙口公司退休职工石霈的《让彩虹之光照亮孩子的心灵》，德州市平原县审计局科员李冉的《只为百姓笑开颜》，聊城市高新区住建局副局长王之荣的《有爱的路上就有阳光》，菏泽市牡丹区第二实验小学教师田聪聪的《守得春意百花开》……上述标题虽然有些务"虚"，但好处在于语言充满诗情画意，令人赏心悦目，能给人以无限遐想的空间，而且能够紧贴主题。

二、标题常见的几种禁忌

标题虽然寥寥数字，但就是这几个字，背后还是颇见文字功底的。很多人不会起标题。常见的禁忌如下：

（一）标题过于宏大，缺少标识度

标题起得过于宏大，且放之四海而皆准，不仅缺少标识度，而且"头重脚轻"，与内容非常不匹配。在实践中，这种类型的标题最为常见。

举例说明一下。2022年上半年,我参加某单位组织的"中国梦·新时代·新征程"百姓宣讲比赛预赛,看到参赛者的宣讲标题是这样的:"不忘初心,在新征程上创造奇迹""不忘初心,用行动诠释忠诚""青春砥砺梦想,奋斗铸就辉煌""新时代新征程,永远在路上""踔厉奋斗担使命,笃行不怠开新篇""奋斗的青春最美丽""挥洒青春为民情""以实际行动谱写青春之歌"……诸如此类的标题过于宏大,缺少标识度。

（二）标题过于务虚,让人不知所云

对于宣讲标题的拟定,我一直主张务"实"不务"虚"。务"实",就是围绕宣讲内容中具体的人、物、事和行为提炼标题,内容简洁明了,让人了然于胸。务"虚",就是撇开宣讲具体内容,使用一些莫名其妙、云山雾罩、稀奇古怪的词拟定标题,让人看了感觉似是而非,不知所云。

打开历年来结集出版的宣讲稿件,你会发现类似情况并非个别。比如"大小多少""一切的一切""我的梦""我的故事""阳光升起的时候""点亮心灵的灯塔""血总是热的""我心飞翔""让明天更美好"……诸如此类的标题,宽泛务"虚",表达不清。

（三）盲目跟风"标题党"，哗众取宠

"标题党"指的是用夸张的标题吸引人的眼球，实质与文意不符，典型的特征是：断章取义、夸大事实、无中生有、偷换概念，甚至使用敏感、负面、粗俗的词等。在互联网时代之下的消息传播领域，"标题党"相当泛滥，比如"再不看，你可能损失一个亿！""小伙一年赚了200W，到底是通过什么来逆袭人生的呢？"等。

在实践中，宣讲稿"标题党"的现象少之又少，但也需要重视和警惕，防止和杜绝因为无知无畏，在拟定标题时犯下低级错误。

三、拟定宣讲标题需把握的原则

那么，拟定宣讲标题应该遵循哪些原则呢？我认为应主要把握以下3个关键词——简洁、明确、内涵。

（一）简洁原则

所谓简洁，是指不要过长，少则二三字，多则十一二字，一般在七八字左右。字数太多，显得拖沓，讲起来拗口，受众不容易听明白。

以学习出版社出版的《中国梦·新时代·话小康——讲述百姓自己的故事》一书为例，随机摘取一些宣讲稿

标题——

两个字的标题有："选择""职责""红包"等。

四个字的标题有："我心向阳""生命之路""我爱我家"等。

五个字的标题有："飞驰的梦想""走向新生活"等。

其他的多是六、七、八个字，比如"第一书记扶贫记""难忘河北崮头村""中原村的小黑板"等。

超过十个字的标题只有一个："让电力之光普照雪域高原"。

《中国梦·新时代·话小康——讲述百姓自己的故事》收录 49 篇故事类宣讲稿、21 篇曲艺类文稿，标题字数主要集中在 4—8 字，言简意赅、浅显易懂，且不拖沓、不冗长，容易让人明晰宣讲内容。

（二）明确原则

所谓明确，是指标题表达清晰，与内容完全匹配，不含含糊糊、模棱两可。标题明确，能准确传递信息，便于人们瞬间"读懂"。否则，听众稀里糊涂，恐怕会大大影响"一分钟吸引人"的宣讲效果。

以《决胜小康 奋斗有我——百姓故事 100 例》一书为例，分析宣讲稿标题符合明确原则的范例——

范例一：《摩托车上的第一书记》

《摩托车上的第一书记》讲述了一个扶贫干部感人至深的故事。2016年3月，李洪文被济南市历城区供销社派驻到南部山区叶家坡村担任第一书记。任职以来，他几乎每天骑摩托车行驶120多公里，翻山越岭往返于5个自然村之间，先后骑坏了3辆摩托车，累计骑行了20多万公里。对他来说，这辆花5600块钱买来的摩托车，不仅是他出行的亲密"战友"，更是他驻村帮扶的流动"办公室"。村民们亲切地称他为"摩托书记"。李洪文用实际行动诠释了一个共产党员的责任担当与民本情怀。2021年2月25日，全国脱贫攻坚总结表彰大会举行，他被授予"全国脱贫攻坚先进个人"称号。

点　评

这是一个内容非常明确的标题，一亮相，听众立马"读懂"：宣讲员是一位派驻扶贫干部，第一书记的职责是带领贫困农村脱贫攻坚。在标题里，"摩托"与"第一书记"搭配，背后必然勾连很多故事，很容易把听众的"胃口"吊起来。

摩托车是李洪文的交通工具，是他流动的"办公室"，是扶贫干部流动的风景线，是连接基层群众与党委政府的"连心桥"。一个"摩托车上的第一书记"标题，就将一位扶贫好干部的形象淋漓尽致地勾勒出来，虽然是粗线条，但依然可以洞见其中的光明。

范例二：《我叫石"小事"》

"我叫石'小事'"是 2021 年山东省聊城高新区韩集镇党委委员、妇联主席石倩宣讲的标题。在宣讲的开头，她开门见山地说道："我在基层已经工作了 12 年。刚到单位时大伙都喊我'小石'，现在喊我'小事'，在大家心中，我就是'小事'的代名词，专门给老百姓解决这些小事。"

她坚持"扶贫先扶志，扶志必扶智"信念，帮助贫困户陈慧娟种大棚，让他们家的日子有奔头。她协调处理婆媳关系，在农村倡导尊老爱幼良好家风，鼓励户户争做最美家庭。她帮助辍学少年……"小切口"折射"大主题"，从"小石"到"小事"称谓的转换，诠释了一名基层干部的初心、爱心和担当奉献，折射了基层群众对石倩这位基层干部的褒扬与爱戴。

点 评

这是一个很吸人眼球的标题，语言幽默诙谐，内容也特别明确。从标题我们应该"读懂"：宣讲员姓石，应该是一名基层干部。她对自己为民办的事都自谦为"小事"。小事肯定不小。她到底做了哪些"小事"？效果咋样？这颇能激发听众的好奇心，让人急不可待地想听下文……

（三）内涵原则

所谓内涵，就是标题有思想、有深度、有价值，能够引发听众思考，带给听众诸多启迪。标题的表层含义即字面义、常用义；深层含义即比喻义、象征义、引申义等，往往是抽象的精神品质之类，常常是宣讲要揭示的主题。

范例一：《人民的名义》

在 2017 年山东省组织的"中国梦·党在心中"百姓宣讲中，时任济南市历下区人民检察院检察官的吕晓蓓宣讲的题目是"人民的名义"。《人民的名义》是 2017 年热播的一部反腐题材的电视连续剧，开播第一天仅播了一集就登顶所有收视排行第一。不仅是第一名，还打破了收视高点纪录。与此成正比的是，网上铺天盖地是年轻网友的热评。

点　评

很显然，吕晓蓓这个标题"碰瓷"当时热播的《人民的名义》电视剧。但这个"瓷""碰"得很巧妙，恰如其分，不仅没有违和感，反而内涵深刻，为她的宣讲添色加彩。2017年，吕晓蓓宣讲的《人民的名义》分别获得济南市和山东省"中国梦·党在心中"百姓宣讲比赛一等奖。

范例二：《你笑起来真好看》

2021年，济宁市金乡县委编办科员李舒婷撰写的宣讲稿标题是"你笑起来真好看"。

李舒婷在宣讲稿中开门见山地写道：

有人问：世界上什么最好看？我的回答是：人笑起来最好看。我帮扶的贫困户，他们笑起来的时候不仅好看，还令我感到特别欣慰，特别动容，特别自豪。今天，我和大家分享的就是，在扶贫路上遇到的那些令我难忘的笑容的故事……

点 评

《你笑起来真好看》原本是一首非常流行的歌曲，歌词、韵律都很唯美，很多人特别喜欢，甚至在闲暇之余，不自觉地小声哼唱。很显然，李舒婷的宣讲标题是"碰瓷"一首流行歌曲。但看看她的宣讲稿不难发现，这个"瓷"也是"碰"出一定的内涵和水准。

整个宣讲稿围绕"笑"，写出了李舒婷的达观心理，写出了她的奉献担当，也写出了贫困户在全面建成小康的道路上，笑逐颜开，越走越幸福。

第八讲
如何撰写宣讲稿的开头和结尾

开头方面，通病在于文字表述铺垫太长，动辄洋洋洒洒几个段落、几百字，依然没有涉及故事、触及主题。这类铺垫，堪称"老太太的裹脚布，又臭又长"。宣讲应该开门见山、直奔主题，穿靴戴帽的话尽量少讲，不拐弯抹角绕圈子，不东拉西扯做幌子，不故作高深卖关子。

在结尾方面，通病在于结尾文字表述太长，或大段复制书本理论，或大篇幅无病呻吟地抒情，或用激昂响亮的口号高呼等。诸如此类的结尾方式，多此一举，用画蛇添足、狗尾续貂等成语形容委实不过。

一、宣讲稿开头和结尾存在的通病

这些年，我参与承办了不少单位组织的宣讲培训班。每次和培训学员见面时，我都直言不讳且有些"武断"地讲："你们的宣讲稿我先不看。你们先拿起笔，把第一段甚至第二段大幅度缩减，使其变成百字左右；把最后一段甚至包括倒数第二段，直接勾掉。试试看！"

学员拿起笔在稿子上认真修改润色半天，纷纷表示："惠老师，你真神！我们开头和结尾的文字是太长了，空话、套话、假话太多。现在狠心删减一些文字，感觉稿子质量更好了！"

我不"神"，只不过是以前看过的宣讲稿太多，知道宣讲稿撰写的通病在哪里罢了！宣讲员来自不同单位、不同岗位，为什么宣讲稿存在一些通病？我认为与我们过去受到的教育、现在的工作惯性有关。我们养成了一种格式化思维。想改，很难！

撰写宣讲稿开头、结尾时最大的通病是什么？

开头方面，通病在于文字表述铺垫太长，动辄洋洋洒洒几个段落、几百字，依然没有涉及故事、触及主题。这类铺垫，堪称"老太太的裹脚布，又臭又长"。宣讲应该开门见山、直奔主题，穿靴戴帽的话尽量少讲，不拐弯抹角绕圈子，不东拉西扯做幌子，不故作高深卖关子。百姓宣讲时间一般在8分钟左右，若是宣讲员开头讲了几分钟，还不切入正题，听众会听得稀里糊涂，不知道宣讲的人想表达什么、宣讲目的是什么。像这样宣讲，注定失败。

在结尾方面，通病在于结尾文字表述太长，或大段复制书本理论，或大篇幅无病呻吟地抒情，或用激昂响亮的口号高呼等。诸如此类的结尾方式，多此一举，用画蛇添足、狗尾续貂等成语形容委实不过。

有一次，我到某单位当宣讲比赛的评委，有位选手前一部分讲得不错，评委们在认为他的宣讲即将结束时，都给他打了比较高的分数。孰料该选手的宣讲远未结束，理论的、抒情的、口号的表述轮番上阵，硬生生又讲了好几分钟。评委们纷纷再次提笔，将他的宣讲分数改低。为什么？因为他的宣讲结尾不好，过于空洞的结尾削弱了整体的宣讲效果。

二、写好宣讲稿开头的技巧

俗话说，"万事开头难"。撰写宣讲稿也是。即便是确定了主题、搜集好了素材、搭建好了结构，有人也会提笔发愣，不知如何下笔。写好开头不容易，这是实情。

古人称开头为"起笔"，因为开头是文章的第一步。明末清初学者李渔说："开卷之初当以奇句夺目，使人一见而惊，不敢弃去。"明代诗人谢榛则言："起句当如爆竹，骤响易彻。"从古至今，每个写作者对开头都是非常重视的。

宣讲稿的开头，也叫开场白，在全篇中占据重要的地位。所以，开头必须简明扼要、先声夺人，特别富有吸引力，如此，宣讲时受众才会关注你，思想和情感才能跟着你的宣讲飞扬，才能在娓娓道来间实现"一分钟吸引人"的现场宣讲效果。

撰写宣讲稿，有些人可能是"透支"了上学时积累的那点"功底"，认为写宣讲稿和写记叙文、议论文的"套路"一样。其实不然，宣讲稿必须写真人真事真感情，是一种带有实践性的实用类文体，所以如何开头具有一定的特殊性，有其自身的规律和技巧——

（一）开门见山式开头

现实中，一些人在宣讲稿开头，要么罗列大段与主题毫无关联的事实，要么引用大段的理论用语，要么无病呻吟地抒情或互动，导致受众听了没感觉，没有继续听下去的欲望。而所谓开门见山式，就是没有冗长的铺垫性过渡，直截了当入题：可以直叙事件，起笔点题，也可以开宗明义直接揭示主旨。由于这种写法干脆利落、入题快捷、不枝不蔓，所以这种开头在百姓宣讲中最为常见。请看以下范例：

范例一

在 2018 年"中国梦·新时代"宣讲活动中，济南市历下区甸柳新村街道办事处工作人员杨歆宣讲的是《妈妈，我想你》。她在宣讲稿开头写道：

> 我是陈叶翠的女儿杨歆，今年 33 岁。我妈妈就是在我这个年龄，从地质队被派到街道办事处，帮助组建社区居委会的。没想到，这一干就是 30 年。更没想到，她连一句话都没留，就匆匆地走了。

点　评

开头第一句话，杨歆开门见山亮出自己的身份："我是陈叶翠的女儿杨歆。"陈叶翠是谁？有哪些事迹？很多人一听就开始思考。"更没想到，她连一句话都没留，就匆匆地走了。"杨歆讲完这句话后，紧接着娓娓讲述发生在她妈妈陈叶翠身上的那些感人故事。

陈叶翠是山东省第一位直选的"小巷总理"，获得了全国三八红旗手、第四届全国道德模范提名奖、全国五一劳动奖章、全国先进工作者、齐鲁时代楷模等荣誉。1988 年，陈叶翠到甸柳社区工作，一干就是 30 个春秋，2017 年因病去世。30 年来，她以社区为家，把全部心思投入到社区工作中，时刻把群众冷暖放在心上，带领社区党员群众创造性地开展工作。在她的努力下，一个修建于 20 世纪七八十年代、曾经嘈杂混乱的老社区，变成了环境整洁有序、居民归属感强、人民安居乐业的优美宜居家园。杨歆宣讲《妈妈，我想你》时，很多人一边听一边潸然泪下，深深地被陈叶翠的事迹感动着。

范例二

在 2018 年"中国梦·新时代"宣讲活动中，济南市济阳区曲堤镇中心小学老师刘昭宣讲的是《坚守》。她在宣讲稿开头写道：

2011 年大学毕业，我来到济阳的一个偏僻农村，当了一名小学老师。我现在还清楚地记得第一次走进曲堤镇中心小学的场景：低矮的教室，灰色的墙壁，坑坑洼洼的操场，还有那些穿着脏兮兮、小脸黑乎乎的留守儿童……

点 评

这篇宣讲稿的开头没有任何渲染和铺垫，直接讲故事。刘昭大学毕业后，一直坚持在偏僻的农村小学工作。是什么样的力量让她在乡村扎根、坚守？她开门见山，讲述了一个个感人至深的小故事，诠释着她对教育的那颗初心——让农村的孩子也能享受跟城里孩子一样的教育，看到同样精彩的世界。

　　"苔花如米小，也学牡丹开。"刘昭虽然只是一位普通的乡村教师，"渺小"如苔花，但她也如牡丹一样绽放，醉心于乡村教育事业，为精准扶贫助力，为乡村振兴添彩。

（二）设悬式开头

　　所谓设悬式开头，就是在文章的开头提出问题，摆出矛盾，设置疑团，以引起听众的关注，使听众产生急于知道结果的好奇心理，而宣讲员却不直接揭露"谜底"，让听众的困惑"悬"在那里，波澜顿生，吸引听众继续听下去。之后，宣讲员在宣讲中解开悬念，揭示谜底。在开头设置悬念，宣讲往往会收到奇效。但设置悬念不能故弄玄虚，更不能没有下文，"疑"而无"答"，一"谜"到底。

　　关于用设悬法开头，我讲一个很典型的故事：党的早期革命家彭湃当年在海陆丰从事农民工作，一次到乡场上准备向农民发表宣讲。怎样才能吸引来去匆匆的农民呢？他想出了一个好主意。他站在一棵大榕树下，突然高声大喊："老虎来啦！老虎来啦！"人们信以为真，纷纷逃散，过了一会儿才发现虚惊一场，于是都围上来责怪他。彭湃说："对不起，让大家受惊了。可我并没有精神病，那些官僚地主、土豪劣绅难道不是吃人的老虎吗？"接着，他向大家宣讲革命道理。这次宣讲后，该地的农运工作快速开展起来。

设悬法，是宣讲稿开头的主要方式之一，无论过去还是现在，都是一个屡试不爽的好方法。

范例一

在 2018 年"中国梦·新时代"百姓宣讲活动中，济南市长清区特殊教育学校教师朱颖宣讲的是《106 根铅笔头》。她在宣讲稿开头写道：

> 我是一名特教教师，我的学生是一群生活完全不能自理的孩子：他们有的坐在轮椅上手脚不停地抽搐，有的在床上一躺就是 15 年……大家肯定纳闷：这样的孩子怎么教啊？他们能看书写字吗？我保存了 106 根铅笔头，每一根都是用牙咬过的，今天我来讲讲这些铅笔头背后的故事。

点 评

在这篇宣讲稿开头，朱颖抛出两个"悬疑"话题：一是对那些生活不能自理的孩子，怎么教？二是她保留的 106 根铅笔头，为什么都是用牙咬过的？带着好奇和疑问，听众特别想继续听下去，以便知晓其中的原委。

原来，对特殊儿童实施"送教上门"是一项国家政策。截至朱颖参加宣讲时，长清区特殊教育学校送教工作已覆盖全区 6 个乡镇 15 名重残孩子，教师们每周来回 1000 公里。两年多的时间里，送教老师们咬断了不止这 106 根铅笔头来为孩子们示范。在大家的努力下，坐在轮椅上不停抽搐的小琪能用嘴叼着笔写出从 1 到 20 的数字，失去了双腿的小娟能坐在轮椅上开网店……特教教师"送教上门"，不仅为重度残疾儿童带去了知识，提供了个性化教育辅导，更为他们带去了美好的未来和希望。

范例二

2020 年，国家税务总局安丘市税务局四级主办张可明曾在一场宣讲比赛中宣讲《为你撑开一把遮风挡雨的伞》，他在宣讲稿开头写道：

2020 年春天，我刚搬进新居，在收拾书架的时候，一张发黄的信笺飘落在我的脚下，捡起一看，是一封多年前的来信，信的落款是 2001 年 10 月。这封薄薄的来信，把我的记忆带回到了 19 年前。

点　评

这篇宣讲稿开头便设悬：这封留存 19 年的发黄的信是谁写的？背后有什么故事？一下子把听众的好奇心

激发出来了，使他们急不可待地想知晓谜底。

原来，宣讲员张可明在安丘团市委组织的一次救助农村贫困中小学生活动中，结对救助了一名叫杨宁宁的贫困孤儿。他不仅包揽了宁宁所有的学杂费，还把她当成自己的女儿一样呵护。逐渐地，宁宁变得性格开朗起来，学习十分用功。一次期中考试后，她给张可明写了一封信，其中写道："叔叔，我又考了全班第一。老师要我好好学习，一定对得起帮助我的人，将来报答社会。"

女孩的这封感谢信，让张可明认识到社会公益的力量，从此走上公益助学之路。张可明的感受是，这个世界上的困苦，就像生活中一场短暂的风雨，而公益，就像一把撑开的伞，为那些不幸的人提供温暖的保护。

（三）提问式开头

所谓提问式开头，就是在开头设置一个问题，让听众来回答。听众是否现场回答并无关系，因为提问的"醉翁之意"不在于听众能否回答，而在于引发听众思考，实现宣讲员与听众的互动。用提问式开头，实质也是制造悬念，避免呆板化，使宣讲生动活泼、饶有情趣，吸引听众的注意力。

范例一

在 2018 年"中国梦·新时代"宣讲活动中,济南市天桥区益禽养殖专业合作社职工刘冉宣讲的是《"泉都乐"蛋生记》。她在宣讲稿开头写道:

> 各位朋友,咱们一日三餐肯定少不了鸡蛋。请问您吃过"泉都乐"鸡蛋吗?这可是纯天然无公害的生态蛋、健康蛋。这枚小小的鸡蛋,倾注了我父亲刘立民大半辈子的心血。

点 评

刘冉在开头直接提问:"您吃过'泉都乐'鸡蛋吗?"然后引出一个话题:"这枚小小的鸡蛋,倾注了我父亲刘立民大半辈子的心血。"宣讲故事由此铺陈,宣讲员娓娓道来他的父亲刘立民费尽周折,艰苦创业,终于成了济南市鸡蛋市场中的"老大",开创了"食安山东全省品牌引领企业"。充满乡土气的"泉都乐"鸡蛋农产品品牌的背后,是刘冉 2020 年荣获"全国劳动模范"的父亲刘立民的一份乡土情、一个致富梦。

范例二

在 2016 年"中国梦·小康情"百姓宣讲活动中,济南市中心医院职工李莉宣讲的是《为了那些"失能"老人们》。
她在宣讲稿开头写道：

> 在这里，我想问一下大家，我们国家已经进入了
> 老龄化社会，你们知道中国现在到底有多少老人，将
> 来又会有多少老人吗？（稍微停顿）权威数字表明，
> 目前，每100个中国人中，有16个60岁以上的人，
> 65岁以上的有10个。到2050年，中国将是世界上老
> 龄化非常严重的国家。这其中，有很大一部分老人因
> 疾病或年龄过大等而失去自理能力，这些人被称为"失
> 能"老人。

点 评

李莉抛出的几个问题，引发听众的关注和震惊。人
们由数字可以清晰感知到，"老龄化"离我们很近，我
们甚至就是其中的一员。那些因为年老或病重而失去自
理能力的"失能"老人，需要更多的社会参与和关爱。
李莉以自己的所见、所闻和亲身参与，给大家讲述济南
医护志愿者启动"进社区、助失能"的那些感人故事。
他们凭借专业知识和善良心灵，为众多"失能"老人减
轻病痛，为那些家庭带来生活希望。

（四）对比式开头

所谓对比式开头，就是开头把不同的或对立的人、事物，或者同一人、同一事物的不同方面列出来，形成鲜明的对比。对比式开头，可以突出中心，引发听众思考，加深听众对人物或事件的印象。

范例一

在 2019 年"中国梦·新时代"宣讲活动中，济南市纪委监委干部曹媛宣讲的是《守护》。她在宣讲稿开头写道：

> 几年前，你去机关办事，是不是觉得不托人找关系事就办不成？你去医院看病，是不是感觉不送红包心里就不踏实？你的孩子上学，是不是觉得不请客吃饭就会被拒之门外？党的十八大之后，特别是中央八项规定出台后，政务生态便悄然发生了变化。作为一名纪检工作者，我特别能感受到这种变化：反腐，正在改变我们的社会，也改变着你我他！

点　评

反腐没有止境，全面从严治党没有终点。持续的全面从严治党，打造的是风清气正的政治生态、官场生态和社会生态。曹媛通过对比，开门见山讲述党的十八大前后，我国的官场生态和社会生态的变化，并以一名纪检工作者身份，讲述她自己以及战友们一方面用霹雳手段"打虎拍蝇"，另一方面用菩萨心肠"治病救人"。他们挺直脊梁，坚定信念信仰，守护公平正义，用忠诚担当换来海晏河清、朗朗乾坤。

范例二

在 2019 年"中国梦·新时代"宣讲活动中，济南轨道交通集团职工王彤宣讲的是《泉城人的地铁梦》。她在宣讲稿开头写道：

在这里，我想和大家分享一段我的经历。2012 年夏天，我去日本旅游，从济南市区打车去遥墙机场时恰逢上下班高峰期，一路前行一路堵，急得我心里直冒火，差点误了航班。到了日本东京，我发现那里的路畅通无堵。我好奇地问导游："这里上下班高峰期为啥不堵车？"他说："这里的人出行大都坐地铁，能够占比 86%。"

点 评

上下班高峰期，济南为什么堵车？东京为什么不堵车？两相对比，一下子吸引住听众。答案不言而喻——济南地铁当时正在修建中，并未完全通车。没有地铁的城市，难免会发生拥堵现象。王彤以地铁人的身份，向人们讲述济南地铁建设中的故事，向人们展示着美好的未来：未来，伴随各条线路开通运营，地铁将引领济南的城市发展，缓解城市拥堵压力，广大市民可以乘坐地铁愉快出行。

（五）展示式开头

所谓展示式开头，就是在宣讲开始，手持一些道具，比如照片或实物等，边讲边展示道具，吸引听众聚焦道具，关注宣讲故事。最近几年，这种展示式开头颇受欢迎。

范例一

在 2019 年"中国梦·新时代"宣讲活动中，中共济南市天桥区委办公室干部刘超宣讲的是《同一片蓝天》。在开头时，他手持一张放大的蓝天白云的照片向听众展示。这张照片的拍摄时间是 2017 年 12 月 24 日午后，地点是百里黄河风景区。

点 评

　　两年前，也就是 2015 年 12 月 24 日，刘超在香港读书的女朋友本想挤出时间来济南看望他，但因为济南雾霾严重、飞机无法降落而未能成行……之后，刘超成为一名城管工作者，主动请缨参与济南市打响的治霾攻坚战，奋战在雾霾防治一线，为济南的空气质量改善贡献力量。

　　这个故事以小见大，用一个"小切口"，反映出一个时代的变迁。他通过一张照片，回忆了多年前的"霾害"，也赞扬了全国大气污染治理所取得的伟大成就。

范例二

　　在 2019 年"中国梦·新时代"宣讲比赛中，商河县广播电视台主持人崔晓鹏在开始宣讲《蝶变》时，举起一张照片，一边展示一边讲述：

　　我手中这张照片中的人叫尚明义，他是我的一位老朋友，别看他笑得这么甜，其实他无儿无女，后半生也只能在轮椅上度过。因为他是一位"玻璃人"，轻微的碰撞，都会造成他严重骨折或出血。

点　评

　　故事讲述的是，在社会爱心人士的帮助下，在中央和省市扶贫政策的温暖下，尚明义实现了从"我是个废人"到"我想活下去"再到"活得乐观阳光"的转变，实现了从需要别人帮助到想要帮助他人的转变，这就是他的"蝶变"。通过崔晓鹏开头的照片展示，听众马上能够聚焦这张照片，浮想联翩，特别关注尚明义的命运与未来。这就是展示式开头的魅力所在。

（六）自我介绍式开头

　　正式宣讲之前，宣讲员都要自我介绍，格式一般是：大家好，我叫XXX，来自XXX单位，今天宣讲的题目是……这相当于自我"报幕"，让听众对自己有个基本了解，以便更好地听懂和理解宣讲主题。

　　这里说的自我介绍式开头，与上述自我介绍还是有区别的。自我介绍式开头，是进一步介绍自我，以作铺垫，目的是引起下文。

范例一

　　济南市章丘区双山街道三涧溪村党委书记高淑贞宣讲《三涧溪村的幸福小康路》时，在开头讲道：

　　我叫高淑贞，原来是一名教师，按照上级党委安排和党员群众要求，先后当了两个村的党组织书记，一个是我的娘家村，另一个是我的婆家村，就是现在任职的三涧溪村。

范例二

　　威海市环翠区戚东夼社区居民陈文兰宣讲《感受新生活》时，在开头讲道：

　　我叫陈文兰，73岁，从我25岁嫁到戚东夼，如今已经48年了。我见证了戚东夼日新月异的发展变化。

　　当然，上述6种宣讲稿开头最为常见。但文无定法，宣讲稿如何开头，还需要我们继续创新和总结，而评价标准就是能否达到"一分钟吸引人"的效果，且备受听众欢迎。

　　撰写宣讲稿，一定要杜绝以下几种开头方式：

　　空洞无物讲道理；无关痛痒讲主题；浅显浅薄讲见解；自以为是讲段子；无病呻吟去抒情；离题万里去陈述；又臭又长去铺陈；虚张声势去互动。

三、写好宣讲稿结尾的技巧

前面讲过，写文章讲究的方法是：凤头、猪肚、豹尾——宣讲稿的结尾，必须干净有力、简洁明快、新颖别致，这样才会让宣讲一步步达到"一分钟吸引人、三分钟感染人、五分钟打动人、七分钟启发人"的良好效果。

撰写宣讲稿结尾的禁忌，主要是：

内容太多，过于拖沓；"口号"太多，过于虚假；抒情太过，无病呻吟；有头无尾，前后不能呼应；牛头不对马嘴，不能体现主题。

那么，想要写好宣讲稿结尾有无技巧呢？有！而且很多。下面我讲几个典型的结尾方式，仅供大家参考。

（一）作总结、强主题

基层宣讲，侧重于讲故事，并且要寓"理"、寓"情"于故事。所以，宣讲主题的呈现，主要体现在三个部分。一是在标题中。标题即主题，开宗明义，主题鲜明。二是在宣讲中。当讲完一个典型故事、听众正沉浸于故事之中时，趁热打铁，恰如其分地亮出主题，虽然寥寥数语，但旗帜鲜明、铿锵有力。三是在结尾中。总结或强化主题，是百姓宣讲最为常见的结尾方式。

宣讲结尾作总结或强主题，必须政治站位高、立意深远、

"三观"正确，且具有很强的鼓动性和感召力，能够引领听众积极向上，实现宣讲目的。

范例一

胶州市铺集镇河西庄村党支部书记盛旭辉曾宣讲《真心真情为百姓》。他在宣讲稿结尾写道：

> 我常想，什么叫百姓利益无小事？你只要把老百姓放在心上，为他们真心实意办实事、解难事，老百姓就一定信任你、拥护你。还是习近平总书记说得好："人民对美好生活的向往，就是我们的奋斗目标。"

范例二

荣成市港西镇政府科员张月玲曾宣讲《红包》。她在宣讲稿结尾写道：

> 这份别样的"红包"，我们一个都不落下，走向富裕，我们也一个都不落下。

（二）谈感受、表态度

百姓宣讲，就是讲故事，谈感受，传递正能量和好声音。

所以，宣讲结尾，一般会谈感受、表态度。这样的结尾方式也非常常见。一般表现为：我祝福……我愿意……我期盼……

范例一

日照市东港区三庄镇西王家村村医王远平曾宣讲《甘做百姓健康的守护人》。他在宣讲稿结尾写道：

> 我是一名残疾人，但我从没觉得因为残疾就可以安享国家的照顾。我的腿虽然不灵便，但我还有一双好手，我愿意一辈子在大山深处做一名平凡的乡村医生，做百姓健康的守护人。

范例二

济南历城区供销社干部李洪文曾宣讲《摩托车上的第一书记》。他在宣讲稿结尾写道：

> 有人说我"傻乎乎"，也有人说我："你这样撇家舍业、拼死拼活不要命地干，是出风头，累死活该。"面对种种不解和质疑，我说："我都已经59岁了，早已过了出风头的年纪。但为了叶家坡村的人民群众能够早日摆困脱贫、增收致富过上好日子，我愿出这个

风头，甘愿'傻乎乎'！真若累死在叶家坡扶贫工作岗位上，我死得其所、死而无憾！因为我是一名共产党员！"

（三）吟诗词、唱首歌

宣讲结尾不拘一格，哪种形式好，就选择哪一种。吟诗词、唱首歌，这种鲜活的结尾方式，不仅能巧妙地体现主题，而且有助于活跃气氛，把宣讲引向高潮。

范例一

2017 年，在山东省"中国梦·党在心中"百姓宣讲活动中，来自济南市章丘区的宣讲员仇环环宣讲的《唱支山歌给党听》，就以《唱支山歌给党听》这首歌作为结尾。她原本毕业于音乐学院，所以她唱歌很专业，特别好听。在基层宣讲时，每当她放声歌唱，台下便和声一片，场面顿时沸腾、热烈，将宣讲推向高潮。

范例二

烟台市招远公路建设养护中心工程科科长王媛曾宣讲《修筑起通往幸福小康的金光大道》。结尾时她赋诗一首：

我们公路人修的是人民群众的小康之路，更是打通群众最后一公里的心路。这正是：

踏破坎坷勇担当，

条条大路通四方；

牢筑梦想与希望，

福慧双修共小康。

第九讲
如何提高宣讲语言表达能力

　　一场成功的宣讲，其实是一次感同身受的心灵撞击。它在舞台上不仅是用语言艺术呈现精彩，更是精神内涵的一次超越。

　　宣讲的灵魂，应该是真情实感的自然流露，就是用最朴实的语言、最深厚的情感，讲出最精彩的内容，做好最真实的宣介。

　　语言表达能力分为口头语言表达能力和书面语言表达能力。

　　口头语言表达能力，也就是口才，是将自己的思想、观点、意见、建议，用最生动、最有效的表达方式传递给听众，对听众产生最理想影响效果的一种能力。

　　书面语言表达能力，是运用语言文字阐明自己的观点、意见，或表达思想、抒发感情的能力；是运用文字表达方式，将自己的实践经验和决策思想，系统化、科学化、条理化的一种能力。

　　具体到宣讲，书面语言表达能力，就是撰写宣讲稿的能力；口头语言表达能力，就是舞台宣讲的能力。在第四讲《如何撰写宣讲稿》中，我写过如何取得比较好的宣讲效果，我认为七分"剧本"三分讲。其意是，对于宣讲而言，书面语言表达能力与口头语言表达能力相辅相成，直接关联。宣讲稿要写好，舞台宣讲也要讲好，哪一方面没有做好，都不可能宣讲好。那么如何才能提高宣讲语言表达能力呢？

一、宣讲要善用群众语言

　　什么是群众语言？

　　群众语言，就是群众愿意听、能听懂又能接受的话语。群众语言的特点是：生动形象，通俗易懂，朴实无华，简洁明了，以小见大。宣讲员善用群众语言，多讲"大白话""家常话""真心话"，群众才能听得懂、记得住、信得过、用得上。与群众语言相对立的，是正确的废话、漂亮的空话、严谨的套话、违心的假话，还有从书本生搬硬套的条条框框、闭门造车硬拼凑的排比对偶、自以为是编造出的顺口溜等，诸如此类的语言，群众听不懂、听不进、不接受。

毛泽东在延安整风运动期间曾强调"要向人民群众学习语言"，因为"人民的语汇是很丰富的，生动活泼的，表现实际生活的"。我们党历来走的是群众路线，这就要求我们必须学会用群众语言与群众沟通。

有一次，毛泽东在上党课时，把日本侵略中国比作一头疯牛冲进了中国，正面和它直接对抗暂时抗不过，怎么办？靠持久战、游击战和全民族抗战。有扳牛头的，有拽牛尾巴的，有薅牛毛的，有砍牛蹄子的，最后的结果是这头疯牛必死无疑！听课学员在会心的笑声中感到受益匪浅，终生难忘。

1930年5月，毛泽东在《反对本本主义》中指出："调查就像'十月怀胎'，解决问题就像'一朝分娩'。调查就是解决问题。"形象地说明充分调查研究是发现问题、解决问题、破解矛盾的必由之路。

《反对党八股》是毛泽东用"大白话讲大道理"的经典之作。他讲党八股，没有很严肃地下定义，而是用诙谐幽默、以小见大的话语，形象生动、一针见血地列举了党八股的"八大罪状"，如"空话连篇，言之无物""装腔作势，借以吓人""无的放矢，不看对象""语言无味，像个瘪三""甲乙丙丁，开中药铺"等。并强调说："如果我们连党八股也打倒了，那就算对于主观主义和宗派主义最后地'将一军'，弄得这两个怪物原形毕露，'老鼠过街，人人喊打'，这两个怪物也就容易消灭了。"

萧三是中共创建初期的党员，与毛泽东、周恩来、李大钊、任弼时、瞿秋白、胡志明等人交往密切，是一位杰出的无产阶级文化战士、著名诗人，是中国宣传毛泽东思想的第一人。在20世纪40年代，他曾这样评论毛泽东："他的报告、演说、讲话，是那样明白、浅显、通俗、动人，富于幽默、妙趣横生，而又那样意味深长、涵义深刻、左右逢源、矢无虚发。他的说话常是形象亲切、有血有肉的。在同一会场里，工人、农民、兵士、老太婆们听了他的讲话不以为深；大学教授、文人、学士听了不以为浅。"

邓小平是运用群众语言的大师，他用"摸着石头过河""黄猫、黑猫，只要捉住老鼠就是好猫""发展才是硬道理"等，把改革与发展中的重大理论问题阐述得通俗易懂，就连普通老百姓对此也能一听就明白。

习近平总书记运用群众语言也是驾轻就熟，善于运用人民群众所熟知的"大白话"讲"大道理"。党的十八大以来，他在不同场合使用"鞋子论""钉子论""补钙论""总开关""打老虎""拍苍蝇""绿水青山就是金山银山""撸起袖子加油干"等脍炙人口的话语，来向全党全国人民系统化阐释深刻的马克思主义和中国特色社会主义理论，取得了良好的效果。

习近平总书记曾批评一些领导干部不会说话："与社会群体说话，说不上去；与困难群众说话，说不下去；与青年学生说话，说不进去；与老同志说话，给顶了回去。"可见，干部与群众沟通最基本的就是多使用明白易懂的词汇，多站在群众的立场，说让群众听得懂的话。

基层宣讲，不管是哪一类别的宣讲，主要面对的是广大基层党员干部群众，所以要说群众语言，这样的宣讲才能有底气、接地气、冒热气、得人气。

曾经有一位宣传系统的老领导对我说："理论宣传，能把晦涩深奥的理论讲得浅显易懂，让别人听得懂、听得下、愿意听，是一种本事和能力。"

宣讲也是，善于用群众语言进行宣讲，也是一种本事和能力。

二、提高宣讲语言表达能力的路径

这里强调的宣讲语言表达能力，不是我们平时所理解的"伶牙俐齿""能言善辩""能说会道"等个体评价，而是指宣讲时，能否准确无误、形象具体地向受众传递宣讲内容；能否释放出教育人、鼓舞人、塑造人的无穷力量；能否让受众在倾听中感动，受到启发、感召。所以，宣讲能否讲出精彩效果，语言表达能力很重要。

每次参加一些单位组织的宣讲骨干培训，我都会调侃宣讲员："在我眼里，你们写的宣讲稿大多是'文言文'，虽然内容不错，但语言生硬、晦涩难懂。要想讲得生动感人，需要将其'翻译'成'白话文'。"

这些年，我辅导宣讲员的有效办法之一，是将他们形同"文言文"的宣讲稿译成"白话文"。借用宣讲员的话说："故事还是那些故事，但经过'翻译'，稿子的质量和宣讲效果立马不一样了！"

怎么不一样？稿子好背了，语言生动了，表达流畅了，逻辑严密了，宣讲给力了，效果更好了。

这就是语言的魅力！

试举一例！下面是对济南市平阴县玫瑰镇干部于娇娇撰写的宣讲稿中一个段落的修改，请比较修改前后的文字。

修改前：

听爷爷说，早年间的玫瑰花都是野生野长在山坡地堰上，没人管理的。人们的全部心思都是种粮食，但依然填不饱肚子。爷爷曾经跟着村里几个头脑灵活的年轻人，用两米多长的粗布袋子，装上采来的玫瑰花瓣，推着独轮车，连夜赶到180多里地外的济宁去卖花。傍晚带上点干粮出发，半路在马车店里喝碗热汤，就一直走，走整整一夜的路，只为换回小半袋大米。深夜里，独轮车上的玫瑰花，承载的是一家人填饱肚子的渴望和艰辛。

修改后：

在我的记忆中，小时候我们家很"穷"，一亩三分地的土坷垃里，刨不出金子银子，一年产出的粮食，连一家人的肚皮都填不饱。为了生活，爷爷和村里几个年轻人，盯上了山坡地堰上的"野"玫瑰。在济宁有个酱菜厂，玫瑰花是制作酱菜的原料，把玫瑰花卖到那里，能够换来一些零花钱，也能换来养家糊口的米和面。每隔一段时间，爷爷就会爬山过坡采摘一袋袋玫瑰，推着木质的独轮车，吱吱呀呀地行走在崎岖不平的小道上。从平阴到济宁，180多里路，每一次都是用双脚一步一步丈量出来的。独轮车上的那些玫瑰花，承载的是一家人填饱肚子的渴望。

比较修改前后的这一段不难发现，修改前的语言多是叙述性的，只是陈述事实的梗概，缺乏感染力；修改后的语言多是描述性的，对家乡的贫穷以及卖花换取口粮的事实，进行具体、形象和生动的描述，语言鲜活起来，大大增强了故事的感染力。

有些人的宣讲稿之所以被比喻成"文言文"，无外乎两个原因：一是文字基本功比较弱，驾驭文字的能力不强；二是跳不出长期撰写公文的思维禁锢，习惯于写"官样"文体。

其实，提高宣讲表达技巧，功夫在"语言"，更在"语言之外"。那么，提高宣讲语言表达能力应该从哪些方面发力呢？

（一）善于挖掘典型故事

故事，故事，故事……宣讲一定要善于挖掘典型故事。一个人参加宣讲，不光要有"嘴上功夫"，肚子里更要有"干货"。也即，故事好，才能宣讲好。故事平平，不典型，再好的语言表达也形同"无源之水、无本之木"。

有些人撰写和修改宣讲稿，不善于深挖故事、评估故事的典型性，一味纠缠于文字表达，甚至希望有"高手"相助，点石成金，这无异于缘木求鱼。

这些年，有的人想要参加宣讲，或者参评什么先进，有时会真诚"求助"于我，坦陈自己没有故事、没有事迹，拜托我能妙笔生花、点石成金，给他润色甚至直接"代笔"

撰写材料。对于这样的"求助"，我很无奈也很无语，心想，既然无故事、无事迹，那还参加什么宣讲？参评什么先进？虽然这话说出来有点无情、冷酷。

宣讲语言表达真正的生命力是：故事得典型，能感染人、感召人，受众能从宣讲中汲取有营养的价值。所以，要想宣讲好，就得善于挖掘典型故事。

（二）善于坚持学习

作为宣讲员，平时要坚持学习、善于学习。要认真学习马克思列宁主义、毛泽东思想、邓小平理论、"三个代表"重要思想、科学发展观、习近平新时代中国特色社会主义思想，深入学习领会党的十八大、十九大和二十大精神，了解熟悉党的各项方针政策等，不断提高政治素养、丰富理论涵养、强化道德修养、加强素能培养、汲取精神滋养。与此同时，还要主动拜人民为师，甘当小学生，其中包括学习群众语言。毛泽东在《反对党八股》一文中说："要向人民群众学习语言。人民的语汇是很丰富的，生动活泼的，表现实际生活的。"习近平总书记也鲜明指出："群众的思想最鲜活、语言最生动。深入群众，就来到了智慧的大课堂、语言的大课堂，我们的文件、讲话、文章就可以有的放矢……"总之，群众语言来自群众，植根在基层和实践中。只有深入群众，和群众打成一片，才能体察群众的所思所虑所求，才能学会和掌握群众语言，才能让宣讲更加有的放矢，讲到群众的心坎里。

（三）善于情景模拟训练

有些人撰写宣讲稿，习惯绞尽脑汁，埋头苦写。对此，我不赞同。如何让宣讲语言表达更接地气、更为鲜活、更有鼓动性、更具感染力？我认为要学会心理换位，每写一句话、一个段落，都要进行情景模拟。具体而言，写每一句话的时候，权衡一下用什么样的字词、什么样的表达方式最为鲜活。写完每一段或一个完整故事时，评估一下语言表达是否有感染力，受众是否听得懂、愿意听，故事是模糊朦胧的还是很有画面感的，能否让受众感觉如临其境，能否把受众吸引到宣讲中来。要边写边进行情景模拟，边进行调整和修改。这其中，也包括语言表达所体现的宣讲内容，政治站位是否高远、立意是否深远、内涵是否丰富、思想是否深邃、思路是否清晰。如此，宣讲稿才能一气呵成，而不至于后期反复修改，甚至推倒重来。

稿子基本成熟后，一定多进行自我模拟训练。一句话、一个重音、一个停顿、一个字、一个表情、一个动作等，都要不厌其烦地练上几十遍、上百遍。总之，良好的宣讲表达能力并非天生就有的，而是来自苦练。只有用足功夫，勤于训练，才能不断提升宣讲语言的感染力和表达力。

（四）善用数字"说话"

在宣讲稿中适当使用数字，善于用"数字说话"，能让宣讲内容更加形象化、具体化，更具说服力。直观的数字不仅可以增强说服力，而且便于受众更加准确地理解和把握宣讲的内容与目的。下面试举一例——

2002 年，在山东省开展的"中国梦·新时代·跟党走"宣讲活动中，淄博市朱彦夫教育基地讲解员朱帅宗在《我的爷爷朱彦夫》宣讲稿中，特别善于用数字"说话"：

> 1957 年，群众选他（朱彦夫）担任村支部书记，他成了共和国第一代兵支书。村民没有文化，他拿出家中的积蓄办夜校；没有地，他每天清晨带着司号员来到工地吹响嘹亮的军号，带领大家整山造地；没有水，他带着村民打出了 4 眼大口井；没有电，他用了 7 年时间，先后 79 次外出，行程 7 万多里，为村里和沿路十几个村庄都通上了电。张家泉村一口气创造了当地 8 个第一：全乡第一个通电、第一个发展林果，人均收入第一……
>
> 1982 年，爷爷（朱彦夫）因为身体不好辞去了村支书职务，开始了他人生中第三次冲锋——写书。他用残肢抱笔，用视力仅有 0.3 的右眼，翻烂了 4 本字典，用坏了 500 多支笔，历时 7 年，2000 多个日日夜夜，7 易其稿，书写了近千斤书稿，终于在 1996 年出版了 33

万字的自传体长篇小说《极限人生》。

除了上述强调的四点之外，提高宣讲语言表达能力的路径还有很多——

比如，撰写宣讲稿要尽量减少甚至杜绝使用专业化术语。宣讲不是学术交流，专业的术语也非大众化语言，能听懂的毕竟是少数。所以，在宣讲中要善于转换"话术"，把专业术语换成通俗易懂的语言。

毛泽东注重把通俗易懂的群众语言融入马克思主义的观点。1928年，红军攻占遂川后，他为宣传党的主张，逐字逐句修改陈正人起草的《施政大纲》，其中把"废除聘金聘礼，反对买卖婚姻"改成"讨老婆不要钱"，把"废除债务"改成"借了土豪的钱不要还"。当年，正是这种带烟火气的大白话，把革命的道理和思想播撒四方。

再如，在语言表达时建议多用短句，力求口语化，这样语言表达才会简洁明快、朗朗上口、铿锵有力。

1940年2月1日，毛泽东在延安民众讨汪大会上所作的演讲《团结一切抗日力量，反对反共顽固派》中说："陕甘宁边区是全国最进步的地方，这里是民主的抗日根据地。这里一没有贪官污吏，二没有土豪劣绅，三没有赌博，四没有娼妓，五没有小老婆，六没有叫花子，七没有结党营私之徒，八没有萎靡不振之气，九没有人吃磨擦饭，十没有人发国难财，为什么要取消它呢？"这篇演讲用数词从一到十，一气呵成，锐不可当。并且"贪官污吏"与"土豪劣绅"、"赌博"与"娼妓"、"小老婆"与"叫花子"、"结党营私之徒"与"萎靡不振之气"、"吃磨擦饭"与"发国难财"骈出偶现、节奏鲜明，匀称而不呆板，整齐而不雷同。整段话既有数词连接之巧，又有两两对举之妙。

三、提高语言表达能力的具体要求

针对宣讲中的语言呈现，播音艺术家冉迪这样讲道："一场成功的宣讲，其实是一次感同身受的心灵撞击。它在舞台上不仅是用语言艺术呈现精彩，更是精神内涵的一次超越。"宣讲的灵魂，应该是真情实感的自然流露，就是用最朴实的语言、最深厚的情感，讲出最精彩的内容，做好最真实的宣介。提高宣讲员语言表达能力的具体要求，可以用四个字概括：真、情、实、感。

（一）真：内容真、感情真

内容真。我再三强调一个观点，宣讲内容必须是真人真事，不容虚假杜撰，这是宣讲的底线，否则，宣讲也就失去了意义。对此不再赘述。

感情真。内容真实了，就要用最真实的感情进行宣讲。

台湾作家林清玄说，写文章一定是情感的表达，文字是灵魂的天籁。同理，感情真，宣讲才有生命力。宣讲是内心世界感情的流露，宣讲员只有对自己宣讲的内容怀揣真挚感情，才能与受众进行心灵交融、思想碰撞。

（二）情：有情感、有情绪

有情感。什么样的宣讲最能感动人？我认为是怀揣满满情感的。优秀的宣讲员概莫如此。感情满满，宣讲时能够打动人；激情满满，宣讲时能够吸引人。有些人宣讲稿写得很好，但在舞台上四平八稳、缺乏生气，语调平淡无奇、波澜不惊。像这种没有感情、激情和气势的宣讲，受众的情绪不能被调动起来，宣讲效果可想而知。

有情绪。宣讲时的积极情绪是宣讲感染人、打动人和成功的基础与关键。要想宣讲好，上台时要情绪饱满、热情洋溢、挥洒自如。但是，宣讲要有情绪，但不能放纵情绪。有的人在台上热情奔放、情绪爆棚，俨然把宣讲当成了表演；有的人情绪失控，讲到某一处时，自己把自己感动得稀里哗啦，动辄哽咽、语塞甚至泣不成声。这些情绪都是宣讲时需要调整和杜绝的。

我的观点是：

宣讲时，宣讲员自己感动得稀里哗啦，受众却没有感动、心静如水，这叫矫情。

宣讲时，宣讲员自己感动的同时，受众也感动得稀里哗啦，这叫本事。

（三）实：语言朴实、真实

语言是有魅力的，但展现方式不同，效果会截然不同。前面强调过，宣讲不同于演讲，需要的是宣讲员娓娓道来讲故事，和风细雨讲道理，语言要朴实、真实，要善用群众语言，而不需要华丽辞藻。反观有些宣讲员在宣讲时，表演成分过重，动辄夸张地展现肢体动作；或者慷慨激昂，几乎喊破嗓子，似乎"有理在于声高"；或者绘声绘色，像一个演员在表演话剧；或者矫揉造作，说一些言不由衷、莫名其妙的话。诸如此类，都是宣讲大忌。

（四）感：感动、感染和感召

百姓宣讲的基本要求是：一分钟吸引人，三分钟感染人，五分钟打动人，七分钟启发人。由此不难得知，达到感动人、感染人和感召人的宣讲效果，实质是我们开展宣讲工作追求的目的。百姓宣讲的语言魅力、精神伟力之一，就是百姓宣讲员生活在我们身边，用群众的语言讲自己的事、身边人的事，让受众感觉很亲切、不神秘，感觉事迹可比可学、可借鉴可赶超。所以，宣讲员要以饱满的情绪、真挚的感情，满怀激情讲好故事，让受众感同身受，在感动中产生政治认同、思想同振、情感共鸣，进而达到宣传、鼓动、感化和教育的目的。

当然，提升语言表达能力也并非完全为了宣讲。语言是人与人交流的载体和重要媒介，不管是为了更好地工作、生活还是与人交往，都应该具备较强的语言表达能力。语言表达可以反映一个人的工作能力与综合素质。党政机关、企事业单位招录工作人员，为什么非常重视面试环节？原因在于，通过短短十分钟左右的面试，基本就能"窥视"和判断出一个人的整体素质与能力，比如综合分析能力、语言表达能力、组织协调能力、人际交往能力、应急应变能力等。"滴水穿石，非一日之功"，应该把提升语言表达能力作为提升自我综合素质的一个抓手，把功夫用在平时，虚心向他人学习，敢于在不同场合表达观点，自觉培养读书看报、坚持写作的良好习惯。

第十讲
如何运用舞台宣讲技巧

俗话说，"台上一分钟，台下十年功"。宣讲需要展示，而展示是需要技巧的。当你站在舞台上，台下所有人的目光都集中在你身上时，你的穿着打扮、举止言谈等，必须符合规范和要求，以达到更好的宣讲效果。当然，宣讲员不是演员，也不是播音员，不需要太专业，但起码应该符合公序良俗、大众的审美标准。

宣讲，是在特定讲台上你来讲，别人听。不管你宣讲的故事多么典型、宣讲的主题多么有价值，最终是站在舞台上，通过口头语言加肢体语言进行展示的。宣讲，语言表达很重要，舞台展示也很重要，二者相辅相成，缺一不可。

可以这样说——

假如你是一名快递员，你按照订单上的地址把物品送达了，你的任务就完成了。

假如你是一名手工制作者，你按照图纸制作一件件精美的产品，你的任务就完成了。

假如你是一名宣讲员，你站在讲台上将内容传递给受众，就万事大吉了吗？

答案是：NO！

既然你是宣讲员，你的宣讲就要达到理论宣传的目的：你在台上讲，要讲得生动有内涵，还要讲出效果。要与广大党员干部群众进行"理论面对面"，打通理论宣传"最后一公里"，让党的创新理论"飞入寻常百姓家"。

基层宣讲的种类很多，呈现方式不尽相同。

像理论宣讲、政策宣讲等，宣讲员只要备足功课，准备好PPT，按部就班地坐在讲台上进行宣讲即可。像曲艺宣讲、说唱宣讲、视频宣讲等，呈现方式则多姿多彩，甚至需要通过吹拉弹唱、表演等艺术手段呈现。即便同属于百姓宣讲，呈现方式也不一样。假如受众比较多、有正规会场，宣讲员一般站在讲台上进行宣讲。假如在农村、社区等地方宣讲，受众少，宣讲员就该与群众一起坐在小板凳上，互动交流、打成一片。济南市章丘区的"方桌会"、莱芜区的"'大碗茶'驿站"等，就是把宣讲的"舞台"安放在乡村社区，大家坐在"方桌"前，喝着"大碗茶"，共同唱响党的好声音。

当然了，宣讲展示是需要一定技巧的。当你站立在舞台上、受众的目光都集中在你身上时，你的穿着打扮、举止言谈都不能随随便便。你应该运用一定的宣讲技巧，来满足舞台宣讲最起码的规范要求。技巧用好了，就能事半功倍，否则就会大打折扣甚至失败。

当然了，宣讲员不是演员，也不是播音员，登台宣讲的技巧不一定太专业，也不需要太多的条条框框，但起码应该符合公序良俗，符合大众的审美观。

一、着装选择技巧

俗话说，"人靠衣装马靠鞍"。上台宣讲时，穿着打扮得体，对个人而言，会感到更自信、更坚定；对受众而言，也是一种尊重。人是视觉动物，在你开口之前，大家对你的第一印象是外在的，服饰搭配能够传递你的精神面貌、文化修养和审美情趣，进而影响受众对你宣讲的认可程度。

（一）着装要符合自己的职业身份

前面我讲过，百姓宣讲要讲好自己的故事、身边人的故事、行业的故事。表面上看，在舞台上宣讲的是个人，其实所反映的是一个"群像"，是为某一个行业或某一个群体"代言"。回顾这些年的百姓宣讲，宣讲员登台宣讲时已经形成一个约定俗成的惯例——身着"工装"。比如，来自公安局、医院、税务局、城管局、银行、公交公司等单位的宣讲员，他们身着"工装"登台宣讲，既能表明自己的身份，也能展示一个行业的文化内涵与形象。

当然，并非所有的行业都有统一的"工装"，比如部分公务员、专家学者、老师、学生等，但他们的着装也需要符合职业身份。假如你是学生，穿着朴素干净就行，不能太奢华；假如你是公务员，穿着要整齐利索，不能太过休闲和邋遢……如果穿着与职业不搭配，则容易引发诸多诟病。

另外，如果你是中共党员，宣讲时可以佩戴党徽；如果你是先进模范，可以佩戴奖章。

（二）着装要符合自己的宣讲内容

在社交场合，着装是非常讲究的，不同场合需要不同的衣着打扮。比如，在休闲场合不庄重，在严肃场合不随便，在高雅场合不朴实，在普通场合不华丽等。其实宣讲也是，宣讲不同的内容，也需要搭配不同的服饰。比如，宣讲红色故事，衣着不适合过于鲜艳，最好穿颜色深一些的衣服；宣讲的内容比较严肃、庄重时，最好选择西服、中山装、商务套装等；宣讲的内容比较欢快、轻松时，可以选择一些休闲装。

（三）着装要符合受众的视觉体感

毛泽东在《反对党八股》中谈道："俗话说：'到什么山上唱什么歌。'又说：'看菜吃饭，量体裁衣。'我们无论做什么事都要看情形办理，文章和演说也是这样。"对啊，宣讲也是这样！你到农村或厂矿宣讲，应该穿着简约质朴，假如你西装革履、皮鞋铮亮，农民和职工会感觉和你有距离感。假如你去党校或机关宣讲，你穿着过于朴素或休闲，恐怕也不符合受众的视角体感。

（四）着装要考虑自身的体型

假如你有些胖，着装的重点在于上衣不能够太紧，可以选择相对宽松的上衣。裤子尽量选择能够显瘦或显高的，女士也可以穿雪纺裙或针织长裙。假如你比较瘦弱，穿太宽松的衣服会显松垮，没有精气神；穿太紧身的衣服，瘦弱的体型会一览无余。总之，穿搭是一门学问，需要根据自身体型、肤色进行选择。

（五）着装要考虑服饰颜色搭配

从实践体验看，着装礼仪一般遵循"三色原则"。"三色原则"即全身服饰的色系应不超过三种，包括鞋子、袜子、领带、腰带的颜色。一个人到舞台上宣讲，衣着服饰的主要颜色最好不要超过三种，颜色过多，会给人花里胡哨、眼花缭乱、不够庄重的负面印象。

（六）着装存在的一些忌讳

服饰在一定程度上也是一种"语言"，能"述说"一个人的修养与素质，反映出一个人的性格、气质、品位，传递出一个人的身份、地位、职业等信息。在现实中，宣讲员在服装配饰选择方面，主要存在以下禁忌，值得注意：衣服不整、不洁，过分暴露自己的躯体——露胸、露肩、露背、露腰、露腿等"五露"，穿吊带装、透明装、超短裙、拖鞋、短裤等。

二、肢体语言表现技巧

20世纪70年代，美国心理学家艾伯特·麦拉宾通过为期10年的系列研究，分析口头和非口头信息的相对重要性，得出结论：人们对一个人的印象，有38%来自于说话的语调，即38%的信息是通过声音的抑扬顿挫、急促缓和等传达；

而55%来自外形与肢体语言，即55%的信息是通过手势、表情、仪态、肢体语言等传达；只有7%来自于说的内容，也就是纯粹的语言表达。这就是麦拉宾法则，也叫73855定律。

从艾伯特·麦拉宾研究的73855定律看，一场宣讲是否精彩，取决的表达元素有很多，其中最重要的是肢体语言，占比55%。肢体语言又称身体语言，是指经由身体的各种动作，代替语言达到达意的沟通目的，是一种无声胜有声的语言。宣讲员可以从以下几个方面学习和体会体态表现技巧。

（一）登台、站台和下台

一是登台。从台下走上舞台，虽然时间很短，但观众对宣讲员已经产生了"首轮效应"。首轮效应，也称第一印象效应，或第一印象决定论。这种印象，往往会直接左右人们对事物的评价，因此，宣讲员出场时肢体语言会影响到整体宣讲效果。宣讲员规范的登台要求是：

——出场那一刻，向台上走的同时，最好与主持人或观众有些交流，比如点头或挥手致意。

——全程保持微笑。

——抬头挺胸。

——不要小步、碎步走或匆匆忙忙，要气定神闲、体态端庄。

——接近讲台时，面向观众鞠躬。

——站立在讲台话筒前，根据自己身高调整话筒，微笑扫视全场，等待 PPT 播放，开讲。

二是站台。常言道，"站如松，坐如钟，行如风，卧如弓"。站姿显现的是静态美。宣讲员规范的站姿要求是：

——头正，两眼平视前方，嘴微闭，收颌梗颈，表情自然稍带微笑。

——两肩平正，放松并稍向后下沉。

——两臂自然下垂，中指对准裤缝。

——挺胸收腹正腰，臀部向内向上收紧。

——两腿立直贴紧，两脚跟靠拢，脚尖向外分开。

——脸对着观众席，保持眼神接触，尽量不去看地板或者两边。

三是下台。宣讲完毕后，下台也是宣讲的基本组成部分，因为这时观众仍然注视着宣讲员。所以仍然需要保持正确的姿态，包括走姿。宣讲员规范的下台要求是：

——宣讲完毕后，离开讲台面向观众鞠躬谢幕。

——走下舞台时，不要低头，不要小步、碎步走，继续气定神闲，大大方方。

这里有一个问题值得探讨。在实践中，舞台上一般会摆放一个讲台，台上放置麦克风，宣讲员站在讲台前娓娓道来。但有个别宣讲员喜欢拿着话筒离开讲台，在舞台中央来回移动，激情满怀地宣讲。这样是否合适？大家对此褒贬不一。我认为应该具体问题具体分析。假如舞台上已经设置好了固定讲台，宣讲员应该按规矩站在讲台前宣讲；假如没有设置讲台，或者在舞台上只设置了一个立杆话筒，宣讲员也可以手持话筒宣讲。但我还是建议站在讲台或立杆话筒前讲。宣讲和演讲不一样，宣讲在"讲"不在"演"，在台上夸张地走动或肢体语言过于丰富，有可能会削弱宣讲效果。

（二）手势

前面我讲过，宣讲与演讲、朗诵是有区别的，除了内容有区别之外，呈现方式上也有所不同。对于演讲、朗诵者来说，手势也是语言，甚至是一种不可或缺的语言，它可以让演讲变得更加具有鼓动性、更加有力量。美国心理学家詹姆斯认为，在身体的各部分中，手的表达能力仅次于脸。

宣讲者通过讲故事、讲理论，与观众进行情感交流、思想交流，从而达到凝聚思想共识、汇聚奋进力量的目的。所以宣讲需要激情和热情，需要绘声绘色、娓娓道来，但并不需要太多的手势，特别是琐碎的、夸张的手势。即便有手势动作，也应该是随宣讲的内容、自己的情感和现场气氛自然流露的，而不是刻意地使用手势技巧，给人留下表演的痕迹和印象。

在百姓宣讲的舞台上，宣讲员一般会两手垂立，或者手扶讲台，或者左手朝上、右手朝下自然相握，面朝受众进行宣讲。只有确需一定的手势，比如列举数字或表述一种情感、描绘一个故事情景时，才会辅助一定的手势。

（三）表情

面部表情，也是一种宣讲语言。法国作家、社会活动家罗曼·罗兰说："面部表情是多少世纪培养成功的语言，比嘴里讲的更复杂到千倍的语言。"美国著名教育家戴尔·卡耐基在说到罗斯福总统的演讲时，说罗斯福全身好像一架表现感情的机器，满脸都是动人的感情。罗斯福演讲也因此更有力、更勇敢、更活跃。当代著名演讲家、演讲理论家邵守义演讲时脸部表情丰富多彩，丰富的表情后面表现着复杂的思想情韵。

宣讲员应该以什么样的面部表情登台宣讲？我认为有要求，但不必苛求。比如，在上台、站台和下台过程中，宣讲员要始终面带真诚、微笑，以此拉近与观众的距离，给人以亲切感。在台上宣讲时，面部表情不能太生硬严肃，甚至哭丧着脸。在宣讲过程中，宣讲员要伴随稿件内容表现出喜怒哀乐、忧虑、期待、疑惑、满意、敬佩等情绪，通过不同的面部表情，表达出丰富的思想感情，来吸引听众、影响听众、感染听众。

在实践中，有人在宣讲时对情绪控制得不好，讲到所谓的动情处，动辄在台上泪流满面，抽泣不已。表达感情要适度，假如过度夸张，容易引起受众反感。我认为宣讲的重点是感动别人，讲到情深处，能让观众眼窝发热、泪星点点，甚至被感动得稀里哗啦。这是宣讲的一种高境界。

（四）眼神

眼睛是心灵的窗户，眼神也是一种语言。在宣讲中，宣讲员应该全程与观众有眼神的交流，这是宣讲需要，也是尊重观众。宣讲员眼神不能呆滞，不能直勾勾地盯住一个地方看，更不能左顾右盼、摇头晃脑。在实践中，宣讲员运用眼神的方法主要有：

——前视法。宣讲员视线平直向前方，以观众席的中心线为中心呈弧形照顾两边，直到视线落到最后一排观众的头顶上。视线推进时不要匀速，要按语句有节奏进行，要顾及坐在偏僻角落的观众。

——环视法。有节奏或周期地把视线从观众席的左方扫到右方、从右方扫到左方，或从前排扫到后排、从后排扫到前排。视线以弧形变化，弧形又构成一个整体——环形。

——点视法。假如观众比较少，或者有重要人物，可多聚焦一些人，与特定的群体进行眼神交流。

——虚视法。即"眼中无观众，心中有观众"。尤其是初上场的宣讲员，可以以此克服自己的紧张心理。

三、声音运用技巧

声音是语言的物质外壳，是传递信息的一种物质载体。宣讲时的声音表现，很大程度上决定观众对宣讲员的印象。但是，一些人的声音先天条件不好，非经过特殊训练而难以改变；一些人的声音还具有浓郁的地方"味道"，地方腔调已经融入血液，难以改变。一些地方组织的巡回宣讲，宣讲员们来自不同行业、不同领域，处在不同年龄段，所以一场宣讲往往荟萃了"南腔北调"。

幸好！百姓宣讲的主体是社会各界的群众，宣讲的要求就是把理论变成家常"方言""土话"，将理论话语转换成群众语言，将理论观点转换成朴实道理。越是用群众的语言宣讲，就越受基层群众欢迎，宣讲也就越有效果。

宣讲可以用"南腔北调"、乡音俚语，但宣讲的声音运用还是要力求一定技巧的，这一点毋庸置疑。宣讲不需要高大上的"播音腔"，但表达不清、词不达意的宣讲也应该杜绝。

宣讲的用声技巧主要指音准、音色、音量和音调等的运用技巧。

（一）音准

音准是指发音的标准化、规范化。它有三点要求：一是使用普通话，二是发音准确，三是吐字清晰。这里说的使用普通话，只是说力求使用普通话，哪怕你的普通话有点生硬、有点不是很标准。

（二）音色

音色是指人的嗓音质量。好的嗓音，响亮悦耳、圆润柔和、富有情感。嗓音与天赋有很大的关系，然而嗓音质量也是可以改进的，只要方法正确，持之以恒地练习，就可以使嗓音质量在原有的基础上大大提高。

（三）音量

音量是指宣讲员在台上讲话声音响亮的程度。宣讲中，宣讲员应根据观众听觉的承受能力，适度地调整自己的音量，既要使后排观众听起来不吃力，又要使前排观众不觉刺耳。在全场观众都听得清的"大音量"中，音量仍要有相对的大小变化，使得声音抑扬顿挫、富于变化，不仅洪亮达远，而且悦耳动听。音量的确定、调整，一方面要根据观众人数和会场环境，即人多场大则音量大一些，反之则小一些；另一方面要"以情发声"，情绪激动则音量大一些，情绪平稳则音量低一些。

（四）音调

音调是指发音音域的高低变化。音调在现代汉语中一般分为平直调、高升调、弯曲调和降抑调四类。平直调从头至尾一样高低，平缓而无变化，往往表达庄重、严肃、冷漠等。高升调是由低向高，逐步上升，一般用来表达惊讶、反问、鼓动、号召等。弯曲调是先降后升两头高，常常表达讽刺、怀疑、愤慨、幽默等。降抑调是由高向低，逐步下降，通常用来表达自信、坚持、赞扬、感叹等。音调也具有传递信息、交流感情的作用。音调还具有影响观众情绪的作用：音调变化和谐优美，就会悦耳，吸引观众；反之，没有音调变化的声音，就犹如钟表与机器的声音，虽然前者清脆，后者响亮，但都令人不感兴趣，使人疲乏易睡。

（五）停顿

语句停顿，既是换气的生理需要，也是一种标点符号的体现，还是宣讲员情感表达的"工具"。有一句话说得很好："无停顿，难宣讲。"宣讲员说话像打机关枪，中间没有停顿，自己累且不说，受众也不易听懂和消化。办报纸的都知道，设计版面需要"留白"，旨在提高整个版面的可读性，为读者留出一定的思考空间。宣讲何尝不是？宣讲时也应该给受众"留白"，即在宣讲过程中，有节奏、有规律地进行语句停顿。宣讲中的停顿主要分为以下四种。

一是语法停顿。一般在句号、问号、感叹号处停顿的时间稍长；在逗号、顿号处停顿的时间短。在句与句之间停顿长些，段与段之间停顿更长。成分复杂的长句，通常在主语之后略作停顿。只有一个修饰词的句子，一般在句子中间不停顿。修饰词多的，离中心词远的地方可以停顿，连着中心词的地方可以不停顿。

二是强调停顿。为了强调某一事物、突出某个语意或某种感情，而在书面上没有标点、生理上也可不作停顿的地方作了停顿，或者在书面上有标点的地方作了较大的停顿，这样的停顿我们称为强调停顿。

三是感情停顿。这是依据演讲者的心理和情绪所作的一种特别的停顿。是为了渲染某种思想情绪，有意识地、突然地作停顿处理。

四是生理停顿。生理停顿即朗诵者根据气息需要，在不影响语义完整的地方作一个短暂的停歇。要注意，生理停顿不要妨碍语意表达，不要割裂语法结构。

总之，停顿是宣讲中不可缺少的技巧。宣讲员应该在宣讲训练中掌握好停顿的方法。

曾经有一位教师参加宣讲骨干集中培训，她的稿子写得不错，故事也典型感人，但她不大会宣讲，比如她的声音几乎是一个调，没有任何变化，让人听起来感觉平淡无味，没有感染力。

她咨询我："惠老师，怎么才能使宣讲效果好？"

我说："我在语言运用技巧方面也不专业，但我知道你的问题出在哪里。你的声音应该根据宣讲内容、故事情节、人物对话等，有高有低、有重有轻，情绪应该有波澜，声音应该有起伏。受众听你的宣讲，应该在你抑扬顿挫、绘声绘色的宣讲中，如临其境、同频共振，这样你的宣讲才能出彩！"

后来那几天，她对着镜子进行强化训练，拉着导师和学员们听和指导她的宣讲……结果呢？她的宣讲稿几乎未改，但因为她注重了声音的运用，宣讲效果有了质的飞跃。是年，她参加了省级百姓故事宣讲比赛，取得了故事类宣讲一等奖的好成绩。

这就是声音运用技巧的魅力！

总之，宣讲要注意和重视声音运用技巧，要做到声音变化自然、张弛有度，虚不空、高不喊，抑扬顿挫、错落有致，从而让受众喜欢听，以期达到最佳宣讲效果。

四、PPT 制作与使用注意事项

在实践中，一些宣讲员制作或使用 PPT 时，往往比较随意，不讲求标准和技巧。究其原因，一是对 PPT 相关知识存在认知盲区，完全不了解；二是认为使用 PPT 就只是应景，没必要太下功夫，所以应付了事。

我们知道，现在参加演讲或朗诵，"标配"之一是使用 PPT 和背景音乐，以增强现场感染力。宣讲要以内容为王，希望受众真真切切地听懂每一个故事、悟透每一个宣讲主题，并且能够入心入脑。前些年，宣讲员很少使用 PPT，而且也不大使用背景音乐。有些单位组织宣讲或宣讲比赛，甚至明确要求过不允许使用 PPT 或背景音乐。但最近几年，人们的认知发生了明显变化，宣讲时使用 PPT 已经成为时尚，不使用的反而寥寥无几。

至于是否播放音乐，分歧较大。很多人认为，现场音乐很容易分散观众注意力，属于减分项。观众是听音乐还是听宣讲呢？当然是听宣讲。所以音乐声和宣讲声不能出现"混响"。尤其是，当音乐声音大时，很容易喧宾夺主，受众无法听清楚宣讲内容。实践中，有一些宣讲员很固执，片面认为配放音乐能提升宣讲效果，岂不知事与愿违，宣讲效果大打折扣！

具体到宣讲 PPT，制作好了就是加分项，能够起到辅助的作用，让宣讲更加精彩。但是，制作 PPT 是一个技术活，假如不掌握这项技术，或者略知一二，想要制作出出彩的 PPT 是很困难的。在此，不谈 PPT 制作技术，只谈 PPT 制作与使用时应该注意的事项。

（一）宣讲 PPT 结构要完整

PPT 首页设计内容包括宣讲标题、宣讲员单位和姓名三个元素。页面要设计底色和配图，要干净、舒朗，色彩不要太多和凌乱，整个屏幕要让人一目了然、赏心悦目。

按照惯例，当主持人宣布欢迎 XXX 上台宣讲时，电子屏幕要显示这位宣讲员提供的 PPT 首页，观众一看屏幕，就知道哪位宣讲员开始宣讲，其来自哪个单位，宣讲的标题是什么。宣讲员开始宣讲后，PPT 根据宣讲内容与进度开始翻页。

宣讲结束后，PPT 最后一页的内容应该是"谢谢"等。

（二）宣讲 PPT 与宣讲内容要具有关联性和一致性

PPT 内容主要包括图片、视频、图表、文字等素材。不管包括哪些素材，这些素材以什么样的形式呈现，一定要与宣讲的内容具有关联性或一致性。舞台宣讲，是以口头宣讲为主，通过语言表述内容，比如讲故事、讲理论、讲政策等。PPT 是以图片、视频等素材辅助宣讲的，能让观众更直观地感受、深悟宣讲内容，增强宣讲效果。

"95后"李硕，是李记隆乾诚酸浆豆腐第七代传承人。2022年他代表济南市参加山东省"中国梦·新时代·新征程"百姓宣讲比赛，斩获故事类宣讲一等奖。他宣讲的是《豆腐小哥》，内容大概是：

2018年，即将大学毕业的李硕在青岛实习，机缘巧合下，他在青岛上合峰会上看到"王哥庄花样大馒头"登上了国际舞台。李硕心想，家里六代人都做豆腐，虽然青岛的就业环境很好，但家乡的豆腐制作手艺更需要他来传承。于是，他便决定回家做豆腐。

李硕回家做豆腐的决定遭到了多数家人的强烈反对，只有奶奶支持他，对他说："孩子，你要是想干，奶奶就支持你。咱家几代人都做豆腐，养活了咱一家人，十里八乡的村民都喜欢吃咱家的豆腐，丢了这门手艺怪可惜的。"听了奶奶的话，李硕暗下决心，一定要把"李记豆腐"传承下去，做大做强，把这门老手艺发扬光大。

说干就干，经过研究选料、破豆、泡豆、磨豆、过滤、煮制、点浆和压包等工序，经过无数次的试验和失败，他终于做出了"奶奶的味道"，一做就是4年。他用柴火烧出烟火味，用诚心做出老味道，"李记豆腐"以零添加、纯绿色、口感嫩、有嚼劲的特点，在莱芜家喻户晓。通过线上线下相结合的销售方式，豆腐的销量从每天五六十斤上升到每天两千斤左右。李硕家的豆腐先后被评为区级非物质文化遗产、"莱芜名宴"、"山东名吃"，李硕也先后获得"莱芜青年先锋""济南市乡村振兴好青年"等荣誉称号。

作为一名新时代的"95 后"创业青年，李硕不仅把这门老手艺传承了下来，还带领乡亲们一起过上了好日子。他通过"公司＋合作社＋作坊"的模式，发展合作豆腐坊 40 余家，城区合作供应超市 10 余家，成功转移农村剩余劳动力 266 名，辐射带动 12 个村居近万人受益……

在宣讲骨干培训和试讲期间，我发现李硕宣讲稿写得不错，而且也很会宣讲，但 PPT 内容呈现效果不好，其中最典型的问题是 PPT 的图片与内容缺乏关联性。讲到他在青岛实习的环节时，屏幕显示的是五四广场及海边风景；讲到他回家创业的环节时，屏幕显示的却大多是莱芜地区的青山绿水；讲到做豆腐的环节时，屏幕显示的却是一家豪华酒店餐桌上的美味佳肴……这些照片的内容与宣讲的内容毫无瓜葛，受众会感觉莫名其妙，从而影响宣讲效果。

针对李硕的 PPT 制作问题，我反复给他提建议：去掉所有与宣讲内容不相干的图片，如青岛的海景图、莱芜地区的山水图等，换成与宣讲内容密切相关的图片，如他家传承下来的做豆腐的老物件、家人参与做豆腐的图片、生产作坊的环境、李记隆乾诚酸浆豆腐进入大饭店的场景……这些图片才与宣讲内容关联紧密，受众通过这些图片才能对"李记豆腐"印象深刻、对"豆腐小哥"的创业情怀点赞认同。后来，他对PPT进行了大幅修改，使宣讲效果有了彻底改变，助力他在全省比赛中一举夺金。

（三）宣讲PPT在精不在多

一个PPT最好做多少页？有说12页的，有说15页的，我认为关键要看宣讲时间的长短。像百姓宣讲的时间一般在8分钟左右，一般准备12页左右为宜；假如进行15分钟或30分钟的宣讲，页数可以适度增加。但要记住一个原则：PPT在精不在多。当然也不能太少。假如页数太多，翻页太频繁，会让人感觉眼花缭乱。假如页数太少，不但起不到辅助宣讲的作用，还有搞形式、糊弄人之嫌。所以，制作宣讲PPT时页码一定要适度，在内容方面一定要精选与内容关联度高、富有代表性且图像清晰的素材。

（四）宣讲PPT页面设计要美观大方

页面设计主要包括视频、图片、文字设计。设计时一定要少文字、多留白、多大图，甚至有动感，让整个屏幕美观大方、主题鲜明、层次清晰、详略得当。一页PPT不适合放太多元素，假如图片太多、文字太多，拥挤在一起，会给人压抑感。假如用多个图片拼图，则更应该注意画面是否拥挤，图片小了是否能够看清等。建议每页适当放置图片，并配有文字说明。假如一页 PPT 单纯放置文字，则文字一定要精练，不能密密麻麻。另外，页面颜色不宜太多，字号也不宜太大，要注意上下页内容的有效衔接，防止割裂彼此之间的逻辑关系。

（五）宣讲要面对观众，不要读 PPT

宣讲内容是宣讲员讲的，PPT 是给观众看的。所以，宣讲时，宣讲员要面对观众，不能反复扭头看 PPT，甚至去念上面的内容。

除此之外，应该注意的环节还有很多，比如 PPT 尺寸要与宣讲会场的屏幕尺寸匹配，这就要求宣讲员在宣讲前要问清楚会场屏幕尺寸大小，及时对 PPT 尺寸进行调整。宣讲前，还要对 PPT 进行试播，防止出现各种纰漏。另外，宣讲前最好打印一份宣讲稿，详细注明翻页标志，然后找一位助手配合播放 PPT。

附　录
宣讲稿范例十篇

这几年，全国各地涌现出许许多多优秀的宣讲员，他们的宣讲非常精彩的原因之一，就是有一个好"本子"——宣讲稿。在此，我选编了来自济南的十位宣讲员的宣讲稿作为范例，供大家学习。这些范例包括百姓宣讲、劳模宣讲和"我来讲党课"等宣讲种类，希望大家能在对标和启发中，找到自己宣讲的努力方向，发现自己在宣讲中存在的一些不足，进而实现自我纠偏和提升。这，就是我附上十篇宣讲稿范例的初衷。

当村官的滋味

济南市章丘区双山街道三涧溪村党委书记　高淑贞

　　大家都知道，当村官很难，当好村官更难，当好一个女村官难上加难。而我就是一个女村官，并且是两个村的女村官：先是"娘家村"——太平村，一个偏远的小村的；后是"婆婆家村"——三涧溪村，由三个自然村组成的大村的。这两个村，都在我上任以后，由远近闻名的穷村、乱村变成了富裕村、文明村。下面，我就和大家讲讲我当女村官的滋味。

　　我到"娘家村"干支书的时候才 30 岁，没有当过村官的我并不知道当村官的滋味，风风火火就上任了。上任后，我向村民承诺修路、治水、架电……我承诺要让老百姓过上好日子，因为这是他们期盼已久的事情。村民们祖祖辈辈走的是泥巴路、喝的是地表水、用不上电和气，按说我的承诺会让他们感到高兴和感激，可现实却是，他们不但不相信我的话，反而说："嫁出去的闺女泼出去的水，想回娘家当家主事，没门！好几个大男人没办成的事，一个女人家能干成啥？"听了这些话，我心里很不是滋味。

啥年代了，女人就不能当村官吗？女人就不能办成事吗？为了证明能办成事，我当时不顾怀有身孕，晚上走村入户，和群众谈心，白天到处"化缘"筹措资金，不断往工地上跑……因为我唯恐承诺了的事情兑现不了，真的伤了村民的心。直到生产前一天，我腿肿得很粗，一按一个窝，鞋都穿不上了，实在撑不住了，才住进了医院，做了剖腹产手术。手术后四十天，我就抱着小女儿、领着大女儿回到了工作岗位。孩子小，坐不住摩托车，我就把小的缠在腰上，让大的站在摩托车踏板上，来回上下班。大的孩子为了看小的，一天幼儿园都没捞着上，我心里对她很有愧，老百姓也看在眼里、记在心里。

有一年，有个村民上大夜班的时候出车祸身亡了，半夜里他的老婆砸开我家的大门，"扑通"跪在我跟前。我把正在吃奶的孩子一把塞给了我的丈夫，用摩托车带着她奔到了出事地点，整整一天一夜，我和她忙这忙那、跑这跑那。当我回家的时候，看到丈夫正抱着哭哑了嗓子的孩子在屋里踱来踱去。我当下接过孩子，掀起被奶水浸湿的衣服，把孩子搂在怀里。孩子拼命地哭着，哽咽着吃着奶。慢慢地，孩子的哭声小了，但我丈夫的责备声却越来越大。当时，我的泪水滴在孩子的脸上，但是我不后悔，因为我心里想的是：这个村民太苦了，她的大儿子前一段时间刚在煤井上被砸死，她的丈夫现在又被车撞死，她怎么过啊。

就这样，我用我的实际行动打动了太平村的所有人。村里一些老人争着给我看孩子，帮我做吃的、做穿的，不再拿我当外人。在新农村建设当中，太平村民走上了硬化路、喝上了自来水，个体户一个接着一个……太平村真的太平了、变富了，我的心里很踏实，也很欣慰。

"娘家村"变了，在十里八村传成了佳话。"太平村出了个能闺女，回娘家干支书，把娘家村变富了，让娘家人沾光了，还成了济南市人大代表……"我听了这些话，心里美滋滋的。回到婆婆家，婆婆村里人看到我说："你把你娘家治好了，不行把婆婆家也治治吧，让我们也沾沾光。"听了这些话，我觉得我很有价值。没承想，本来是说着玩的话，却变成了现实。

2004年6月，组织上任命我去章丘区双山街道三涧溪村担任党支部书记。这次我犹豫了，因为我尝过了当村官的滋味，酸甜苦辣咸，这种滋味不好受。思想斗争了好长一段时间，最终党性征服了我，因为作为一名共产党员，没有什么比组织信任更重要的了。我毅然接过了任命书，走马上任三涧溪村的党支部书记。上任后，我遭到了很多的白眼，听到了许多很难听的话。个别老同志说："6年换了6个支部书记了，神仙来了都治不了，别说一个大娘们儿了。"这些话深深地刺痛了我，但是没有动摇我干下去的信心和决心。我一如既往地走村入户，我要让党员跟我走、群众跟我走，我必须用实际行动赢得民心。我把3个自然村1160户几乎走了一个遍，我听了最难听的话，进了最难进的门，也听到了群众共同的心声，那就是想富、盼富，过上好日子。有一位老党员说："高书记，你来了可别再走了，别换了，别再折腾了。"这更坚定了我干下去的信心和决心。

当时，正值章丘区大发展，309国道两旁拆除了大批的民营企业工厂，章丘区委区政府的第一方案就是在三涧溪村建一个新的民营工业园。但是，由于当时村"两委"班子混乱，群众工作没有做实做好，企业难以落户。我上任后，得知这一情况，就召开党员会和村民代表大会，不知道开了多少会，说了多少好话……我又一次去征求领导的意见，领导说："你只要在短时间内把这1000亩地征下来，把该拆的都拆了，我就再次考虑企业落地的问题。"我回过头来，又回到村里多次召开会议，和群众讲、和党员讲："要想脱贫致富，必须发展，发展必须走可持续的路子。咱们要融入区委区政府的工程，才能共享成果。"就这样多次地讲，凡是我能到的地方我全到了，凡是我能做到的事情，我也全做了。缺钱的，我自己掏腰包；有困难的，我亲自和他去办……

当我得知村里只有三户没有签合同的时候，我又挨个去做工作。其中的一户，爷俩的大门砸都砸不开，原因就是，孩子的母亲因为脑瘤不幸身亡，在省立医院的太平间已经冻了一年半了，光冷冻费就接近五万块钱。我得知情况后，带着这家的儿子去济南市民政局找领导，去槐荫法院找法官，去省立医院找领导，来来回回跑了十多趟，协调了很长时间，终于解决了这个难题。为了省下从章丘雇车的 500 块钱雇车费，我亲自跟着死者家属去省立医院抬尸体。当我们到了太平间拉开冰冻柜的时候，看到一个赤裸裸的身体上面只盖着一层隔离衣。她的儿子"扑通"跪下说："妈，高书记来接你了。不是我不要你啊，是儿无能啊！"这句话深深地扎痛了我，我的泪水哗哗地流。我说："姐姐，咱们回去吧，我来晚了，对不起你！"我和司机、她的儿子抬起尸体，送到章丘殡仪馆，直到火化。事后，他们爷俩跪到我的面前久久不起。我拉起他们说："这是我应该做的，每一个村民的冷暖都在我心上。我只要是书记，我只要是村里那个头，我就要管。"我的一言一行，感动着全村村民，很快，1000 多亩地征下来了，该拆的拆了。现在大家看到了，有 73 家企业在三涧溪村落地，离朱家峪只有 6 里。

当村官虽然难，但是总要有人干。只要敢于担当，敢于碰硬，公平公正地对待群众，群众就服你、信你、支持你。

在新农村建设和美丽乡村建设的过程中，我碰到了多年碰不起的事，惹了多年惹不起的人，尤其是拆违拆临的时候，我得罪了好多人。我是村里的一把手，我不带头碰硬谁去碰硬？我不担当谁去担当？有一次，一个户主拿着刀闯入我的婆婆家，吓得我八十多岁的婆婆尿湿了裤子。当我赶到家的时候，婆婆扶着墙对我说："你当这样的村官干啥？大人孩子都陪着你受罪，你还没尝过这种滋味吗？"我给婆婆擦着泪，也流着泪说："娘啊，他不找我找谁啊？他不到咱家来，他也得去别人家啊。"我婆婆说："那俺就不是人了吗？"说得我无言以对。当村官跑跑腿、磨磨嘴，再难我也无所谓，但是让家里人也跟着受罪，我心里真的很难受。

回头看自己走过的路，看那些付出换来的成果，是值得的。50栋农民公寓楼拔地而起，73家企业落户三涧溪村，高标准的敬老院让老人无忧无虑，孩子们也进入了一流的幼儿园，我心里非常踏实。特别是，我不仅使两个贫穷、落后的村庄转变了，建立了两个"大家"，还构建了自己美满幸福的小家。我的大女儿现在是博士后，成为一名优秀的口腔医生，小女儿成为一名记者，没有给我留下遗憾。我个人获得了"全国优秀党务工作者""全国三八红旗手标兵""山东省优秀女村官""山东省优秀共产党员"等荣誉称号。2022年6月，我光荣地当选为党的二十大代表，我感到十分荣幸和自豪。

2018 年 6 月 14 日，习近平总书记视察了山东，来到了我们三涧溪村，这是我最难忘的一天，也是三涧溪村村民最幸福的一天。当时我向总书记汇报："这些年，我们为父老乡亲做了一些实事，让老百姓得到了实惠，大家都能听党话、跟党走。"总书记听了以后高兴地点了点头。我一直深深地记着总书记对我说："你既宣传了中央的政策，又把工作做好了。感激你啊，为党所做的这些努力。希望你们总结经验，再接再厉，做得更好。"我听后哽咽着说："总书记您放心，我们一定，一定，一定……"

不知不觉，我在村官路上走了二十多年。回头看看自己走过的路，尝尽了酸甜苦辣咸，但我无怨无悔。现在，惠民的政策一年比一年多，我们的干劲一年比一年足。我们一定要坚守一颗为民的初心，扛起乡村振兴的大旗，勇于担当。我要在村官路上走下去，上为政府分忧，下为群众解难，让每一个老百姓都过上好日子，一个都不掉队。

宣讲人简介

高淑贞，中共党员，中国共产党山东省第十届委员会候补委员、十一届候补委员转委员、十二届委员，山东省妇联副主席（兼职），中国妇女第十一次、十二次全国代表大会代表，中国共产党济南市第十一届、十二届委员会委员，济南市第十五届、十六届、十七届、十八届人民代表大会常务委员会委员，济南市章丘区妇联副主席（兼职），章丘区委第一届、二届委员，章丘区双山街道三涧溪村党委书记、妇联主席。2007年获"济南市劳动模范"称号，2008年获"山东省三八红旗手""山东省优秀共产党员"称号，2009年获"全国三八红旗手""齐鲁巾帼十杰"称号，2010年获"山东省优秀女村官"称号，2011年获"全国优秀党务工作者"称号，2015年获全国"基层理论宣讲先进个人"称号，2016年获"全国三八红旗手标兵"称号，2018年获山东省"担当作为好书记"称号并荣立一等功，2019年获全国道德模范提名奖，2021年获"攻坚克难（勇于创新）奖先进个人"称号。2022年光荣参加中国共产党第二十次全国代表大会。

用心呵护 用爱坚守 36 年

济南市历下区泉城路街道居民 房泽秋

我叫房泽秋，是历下区泉城路街道贡院墙根社区居民。1979 年，我把和我毫无血缘关系且半身不遂的孤寡老人李玉柱接到自己家中照顾，直到他去世，一共 36 年。从 19 岁青春烂漫到 55 岁鬓发花白，36 年，我从未放弃。我用 36 年美好时光，呵护了一位老人。

我的付出也得到了社会各界的认可和褒奖：2010 年、2014 年我荣获"全国孝亲敬老之星"称号；2014 年，我的家庭荣获第一届"全国最美家庭"、"全国孝老爱亲最美家庭"称号；2015 年，我荣登"中国好人榜"、荣获第五届"全国助人为乐道德模范"称号；2016 年，我的家庭荣获第一届"全国文明家庭"称号……在此，我感谢各级党委政府和社会各界对我的肯定和支持。

小时候，我家住在历下区东花墙子街。我有一位邻居，叫李玉柱，是一位独居老人，他常和我爷爷聊天，我亲切地喊他二爷爷。每次我家包水饺，爷爷总是让我先给二爷爷送去。1979年，61岁的李玉柱突发脑溢血，住进了医院。他没有亲属，医院就联系到了我，那年我只有19岁。那段时间，每周五我都去医院照顾他。一位护士告诉我，每到周五的时候，二爷爷总会眼巴巴地望着窗外等我。一次，我看见二爷爷身上生出了虱子，心里十分难受。我想，二爷爷出院后，自己一个人怎么熬啊！于是我对母亲说："妈，以后二爷爷就是我的亲爷爷，我要照顾他一辈子。"出院后，我把二爷爷接到了我家。

我的丈夫于海曾经是我的同事，二爷爷住院时，他常到医院看望。他不但给二爷爷理发、刮胡子、端尿、擦身子，还帮其他病人理发。我觉得他是一个值得托付的人，于是我们就走到了一起。1992年我下岗了，家里的经济来源主要是丈夫在公交公司做维修工的收入，我靠打工挣些钱贴补生活。

有人对我丈夫说："你们没有血缘关系，老人又没有房子，你们一直照顾他，到底图什么？"于海认真地回答："为了我们两个的一个承诺。"也有一些人在知道我们照顾的是一位孤寡老人时，怀疑老人是不是有一大笔财产。对于类似谣言，于海劝慰我说："不用理会这些，咱照顾好老人就行。"

1998年4月，老人不小心摔倒了，因为骨折住了一个多月的院。住院期间，因做牵引手术引发胃出血，他需要一直吸氧，每天打五六瓶点滴。为了照顾老人，我毅然辞去了工作。丈夫工作非常辛苦，每天下班后还要到医院值晚班。同年10月，老人因大面积心梗再次住进了医院，医院下了病危通知书。我问医生："还有办法救治吗？"医生说："有一种进口针剂，打上或许还有希望。但那是自费药，价格昂贵，不知你们是否承担得了？"我问："多少钱一针？"医生说："600元。"我和丈夫商量后，对医生说："打！"就这样，我们终于把二爷爷从死亡线上拉了回来。那年，丈夫每个月的收入只有100元，我每个月的收入不到80元。就是二爷爷这一年两次住院，致使我家欠了好几千元钱，给我们造成了沉重的经济负担。

老人骨折后伤口一直没有愈合，又因为偏瘫，大便时不能用力，于是我每天给老人喝醋调的蜂蜜水，并准备了一摞橡胶手套。老人大便时，我就和丈夫先用开塞露为他通便，然后再戴着橡胶手套用手往外抠。老人卧床不能动，我们两口子每晚要起来五六次，给他翻身倒尿，几乎没睡过一个囫囵觉。这么多年，老人身上没长过痱子，没生过一次褥疮，这是我最大的欣慰。那时，我们一家人挤在不足27平方米的房子里，我们两口子睡卧室，儿子睡门厅，老人睡厨房，因为厨房里有炉子，冬天会暖和些。房子虽小，但是很温馨。老人的床铺非常干净整洁，没有一点异味。

我们全家用爱给了老人一个有儿有女的晚年。

老人有喝酒的嗜好，每天喝一瓶啤酒。我想，人老了，就这点喜好，我们应该满足他。每天早晚我会给老人准备一包蛋白粉和一个山鸡蛋，每天还给他喝一次螺旋藻。在老人的床头柜上，茶水、开胃山楂、小点心、时令水果等一应俱全，二爷爷想吃啥就吃啥。

我和于海这么多年从未出过远门，就是结婚的时候，为了照顾老人，我们也没有出去旅行。于海总是说："我们还年轻，以后有的是时间。"2011年，儿子结婚了，我们商量让小两口照顾一下老人，我们两个到海边去玩玩。可是，老天捉弄人，旅行还未成行，丈夫就因积劳成疾栽倒在了工作岗位上。这对我来说，犹如晴天霹雳。于海常对我说："以后我们有的是时间，有的是时间。"但时间去哪儿了？这件事给我留下了终生的遗憾！

2014年5月，我去北京参加"全国最美家庭"颁奖典礼，会后我去了天安门广场，当时，我把丈夫的照片放在胸前，内心大声地呼喊："北京，我们来了！北京，我们来了！"那一刻，我很激动，终于圆了我们30年的"旅游梦"。

丈夫去世后，很多亲朋好友对我说："家里就剩下你和孩子，还是把老人送养老院吧。"当时儿子于霄宁坐在沙发上，头埋得很深很深，一句话也不说。过了很久，他很坚决地说："这么多年，我爸妈都和老爷爷过来了，我不能让这个家散了。"后来，儿子于宵宁和儿媳王娜接过了照顾老人的接力棒。为了照顾好老人，儿子选择了一份在家做兼职的工作，这样有时间每天为老人抠粪便、洗澡、剃头，背老人去医院换尿管。儿媳王娜也给老人理发、挠痒，把最近发生的一些新鲜事写到小黑板上让老人看。就连我年幼的孙子哼哼也知道疼老人，有时看到电视上播牛奶的广告，就指着老人叫，意思是指给老人拿牛奶。儿子对我说："妈，这几年我照顾老爷爷，并不认为老爷爷是累赘。我会帮我爸爸完成他的遗愿，把老爷爷照顾到最后一刻。"孩子这么说，也这么做到了。我非常欣慰孝老爱亲之心已经从儿子、儿媳又传承到了孙子哼哼身上。

2014年10月6日，是我二爷爷97岁的生日，我们一家人捧着蛋糕，和老人一起吹蜡烛，照了一张全家福。然而，就在我们一家人期待着给老人过百岁大寿时，老人却突然去世了，永远地离开了我们。我的心里就像被掏空了一样，一直到现在，我每天回家还是习惯性地先到老人的卧室，然后才想起来老人已经不在了。

36年过去了，我们坚守了自己的承诺，就像我的丈夫于海说的："不为别的，我们还给孩子做了榜样。"

孝敬老人是我们每个人的本分，如果孝敬老人成为一种习惯，世界将会更美好。你会知道，孝敬是满足，付出是快乐。习近平总书记说过："千家万户都好，国家才能好，民族才能好。"父母是孩子的一面镜子，要给孩子做好表率。我一定会珍惜荣誉，并把荣誉当成一种动力，带动更多的人加入"房泽秋志愿服务驿站"，将孝亲敬老爱老的家风传递下去，为社会传递正能量。

宣讲人简介

　　房泽秋，中共党员，山东省第十三届人大代表，济南市第十六届、十七届人大代表，济南市第十七届人大常委会委员，济南市历下区第十七届、十八届人大代表。2010 年、2014 年荣获"全国孝亲敬老之星"称号，2014 年家庭荣获第一届"全国最美家庭"、"全国孝老爱亲最美家庭"称号，2015 年荣登"中国好人榜"、荣获第五届"全国助人为乐道德模范"称号，2016 年家庭荣获第一届"全国文明家庭"称号，2017 年荣获"山东省（京博杯）第一届孝善人物"称号，2021 年荣获"全国最美志愿者"称号等。

　　2014 年，房泽秋通过宣讲这篇稿件，先后荣获济南市、山东省"我们的价值观·我们的中国梦"百姓宣讲比赛一等奖。

以身为盾 保民平安

济南市公安局特警支队副支队长 张保国

当你听到"有炸弹""要爆炸",你的第一反应是什么?危险!恐惧!远离!但有这样一群人,却逆行而上,以身为盾,用血肉之躯排爆除险,用生命去保护更多人的生命。他们就是公安排爆警察!

我也是其中的一员。我是济南市公安局特警支队的张保国,今天我就给大家讲一讲现实中的排爆警察和我的排爆故事。

排爆警察是做什么的呢?一是鉴定排除销毁战争年代遗留的、埋藏在地下几十年的废旧炮弹炸弹;二是排除恐怖分子、犯罪分子制作的爆炸装置,也就是土炸弹。

排爆工作很危险吧?对!特别是犯罪分子制作的遥控炸弹、定时炸弹,随时可能爆炸。我们这些排爆队员就是在与死神较量,他手里那把镰刀随时会收割我们的生命。我就曾排除过离爆炸只有三分钟的定时炸弹。而有的人就没有这么幸运了，我在全国的同行，有的牺牲了，有的被炸掉了手、炸瞎了眼睛。我们每年都会参加行内的交流会，每次会议结束，我们都会热情拥抱，真诚祝福，祝福我们来年还会再见面，也一定要再见面。然而，第二年有的人就再也见不到了。

1984 年，我怀着保家卫国的志向，考入中国人民解放军军械技术学院，被安排到弹药专业学习。专业虽然不是我自己选的，但军人以服从命令为天职，哪里需要就到哪里去！从此我与炸药结下不解之缘。从在部队干炮弹维修、销毁工作，到转业到济南市公安局成为一名排爆警察，我一干就是 38 年。

我清楚地记得自己第一次排爆的情形。那是 1999 年 9 月 10 日的晚上，也就是我穿上警服的第 10 天，就遇到了排爆任务。那天治安民警在清查流动人口的时候，在济南市市中区的一个出租屋里，发现了一个潜逃的犯罪分子和他制作的 9 个土炸弹。最大的一个炸弹是用啤酒瓶子做的，里面装了 2 斤多的炸药，被设置了 3 种点火方式。穷凶极恶的犯罪分子还在瓶子外面用胶带缠了一百多颗钢珠。

第一次面对犯罪分子制作的土炸弹，我也很慌，双腿发软、双手发抖，因为这和我学过的军用弹药有很大的不同，炸药种类、起爆方式、包装伪装、爆炸威力我全然不知呀！就在我万分焦急、手足无措的时候，我突然发现墙角有两个盛满水的塑料水桶。我急中生智，决定先用水泡了这些土炸弹。在没有任何工具和防护的情况下，我用颤抖的双手，把炸弹一个个移到了水桶里。在排爆过程中，稍不小心就可能非死即伤。万幸，这一次我成功地拆除了炸弹。事后，我一下子瘫坐在地上，衣服都被汗水渗透了。

说实话，从选择排爆工作的第一天开始，每一次出任务，我都期盼着是虚惊一场，这就是命运之神对我最大的眷顾了。然而，俗话说："常在河边走，哪能不湿鞋？"命运之神也有打盹的时候！

2005年3月2日上午，我带着排爆队员在济南西郊的一个废弃采石场销毁57发炮弹炸弹、7个发烟罐和大约15公斤的火炸药。正当我们准备作业时，一个锈蚀严重的发烟罐突然泄漏起火。

"不好，快跑！"我冲着身边的记者和战友大喊一声，接着飞快地冲到发烟罐旁，一脚将它踢了出去……结果意外还是发生了，15公斤的火炸药被引燃，轰地一声，一个大火球瞬间把我裹了进去，我一下子变成了一个"火人"。

我拼了命地从大火里拱出来，就地打滚，试图压灭身上的火苗，战友们也冲上来救我，并火速把我送往医院。等我醒来的时候，我已经躺在了医院的急救室里。这一次，我全身8%的面积烧伤，脸和手深二度烧伤，经过近两个月的治疗，最终还是落下了七级伤残。

为了恢复双手的功能，重回排爆岗位，接下来的两个月，我先后接受了两次植皮手术，每只手上都缝了150多针。因为取皮，我身上又留下了两道半米长的大疤。

身上的痛，我能忍过去。我最难过的，是对不住我的父母。我和爱人商量，无论如何不能让老人知道。为了瞒住父母，当媒体记者纷纷来采访的时候，我坚持不要报道我的真实姓名。但是二十多天后，父母还是意外知道了我受伤的消息。

那天，他们一大早就急匆匆地从德州农村老家赶到济南。推开病房的门，一眼看到躺在病床上的我脸烧焦了，双手缠满绷带还渗着血，母亲撕心裂肺地喊了声"我的儿啊"，就一下子瘫倒在地，泣不成声。第三天，母亲因伤心过度，又一头栽倒在地。在相隔不到百米的两个病房里，那边是昏迷不醒的老娘，这边是严重烧伤的儿子，我们谁也照顾不了谁。虽然经过抢救治疗，可母亲还是落下了半身不遂，至今生活不能自理。每次想到这些，我就无比心痛，无比愧疚。

作为警察，我是合格的。但作为儿子、丈夫、父亲，我充满了愧疚，我欠家人的太多太多了。有一次，我在从幼儿园接女儿回家的路上，接到了出警的命令。紧急情况下，我直奔现场，把女儿锁在了车里。等我完成任务返回车里的时候，孩子已经哭哑了嗓子，拉尿在车里。

因为担心我的安全，每次我夜里出警，妻子都会陪着我起床，一句话不说，默默地送我出门，然后坐在客厅里，亮着灯等我回家。

排爆是拿命换命的活。排爆队总共有五个人，我是老大，后面依次是老二、老三、老四和老五。这不是按照年龄大小排的，也不是按照职务高低排的，而是按照党龄的长短排的。每次排爆，我不想让我的这些兄弟发生一丁点儿的意外，我不想发生在我身上的伤痛落在他们身上，更不想面对他们的父母妻儿时给不出一个圆满的交代。于是我就定下了一个规矩："我是队长，我党龄最长，有危险，我先上。如果我牺牲了、受伤了，你们谁的党龄长，谁再上。"这么多年，这个规矩一直没有变。

2014年1月2日晚上，在济南市某物流中心发现了一个大的爆炸装置。那周围店铺林立、人员密集、车水马龙，一旦发生爆炸，后果不堪设想。容不得多想，我立刻穿上80斤重的排爆服，趴在地上，仔细地观察、研究。

也许有人会问，穿上排爆服不就安全了吗？世界上最好的排爆服的防护标准，就是1公斤炸药爆炸时，人在3米之外不受严重伤害。但是，排爆队员可都是零距离操作啊！所以我们内部都戏称，排爆服就是"小爆炸保性命，大爆炸保全尸"。

当我小心翼翼地拆开外包装的那一刻，我看到了大大小小的塑料桶里，装了十几公升汽油，还有两包炸药，最后还发现了定时器。原来这是个定时炸弹！我不由得倒吸了一口凉气。

时间在一分一秒地流逝，面对着复杂的结构、杂乱的电线，我果断拿起剪刀，剪断了最关键的那一根。拆除之后我才知道，定时器定在了晚上 11 点，当时留给我的时间，只有短短的 10 分钟。

干排爆 23 年，我处置了 130 多个涉爆现场；排除了 140 多个爆炸装置和可疑物；鉴定销毁了 18000 多发炮弹炸弹，30 多万枚雷管和 50 多万米导火索、导爆索。

我只是做了一个排爆警察应该做的事，党和人民却给了我无上的褒奖和荣誉。我被授予"全国公安系统一级英雄模范"，被评为"全国人民满意的公务员""全国公安楷模""最美奋斗者"等，荣获了全国道德模范提名奖等荣誉。特别是我还受到了习近平总书记的亲切接见。

那是 2019 年 6 月 25 日下午，我在人民大会堂参加"全国人民满意的公务员"表彰大会，合影的时候，我就站在总书记的身边。总书记紧紧握着我的手，深情地说："排爆工作很危险啊！"那一刻，我深受鼓舞，感觉浑身充满了力量。我将继续用热血铸就金色盾牌，用坚守诠释忠诚担当，不忘初心、牢记使命，为国家的安定、人民的安全，贡献出一个排爆警察的全部力量。谢谢大家！

宣讲人简介

张保国，中共党员，山东省济南市公安局特警支队副支队长。曾荣获中国青年五四奖章，被评为"全国优秀人民警察"。2018年5月被人力资源和社会保障部、公安部授予"全国公安系统一级英雄模范"称号；2018年12月荣获"改革开放40周年政法系统新闻影响力人物"称号，并获评："他，是挑战死神19年的一级英模、'拆弹专家'"；2018年12月荣获全国"最美退役军人"称号；2019年5月被公安部授予全国"公安楷模"称号；2019年6月荣获全国"人民满意的公务员"称号；2019年9月荣获第七届全国道德模范提名奖；2020年11月家庭被评为第二届全国文明家庭；2021年9月入选第十三批济南专业技术拔尖人才名单；2022年2月荣获"齐鲁政法英模"称号等。

不让公平正义缺席

济南市莱芜区人民法院城西法庭庭长　亓民川

我是莱芜区人民法院城西法庭庭长。担任法官27年来，我甘当螺丝钉，一直钉在基层人民法庭的岗位上。现在我头发白了，脸庞黑了，年纪大了，但是我对党的忠诚、对法律事业的追求、对人民群众的感情从未改变。

在基层法庭扎根的27年来，我始终觉得，法官的一言一行都代表法律的尊严、正义的声音。老百姓走进法庭，其实就是遇到了过不去的坎、解不开的难。所以，我坚持用一张笑脸、一杯热水、一把椅子拉近与当事人的距离，让他们有话愿意对我讲，有事愿意找我帮。记得有一次，一位大娘找来法庭，在院子里就嚷嚷起来："这里是人民法庭，你们得赶紧帮俺要回钱来，要不俺就去上访。"我连忙迎上去，说道："大娘，您别着急，先喝杯水休息一下。"然后我以晚辈的身份和她拉起家常来。原来，大娘的儿子因交通事故死亡，事故涉及的多家单位和个人相互扯皮，拒不赔偿。大娘家里经济情况不好，不知道如何打官司，手头也没钱找律师。我想："咱作为人民法官，决不能让公平正义缺席。"于是，我给大娘办理了立案手续，依法申请了减免诉讼费。在案件审理中，我积极调解，涉及的单位同意承担责任，但是肇事个人与大娘有言语冲突，经多次调解还是坚决不掏钱，并说："你想怎么判就怎么判，想让我主动拿钱，没门！"我也曾经想不再费事，直接判决得了，但是转念一想，案子判决容易，可执行起来没那么容易。想起大娘找我时的那种无助眼神，我想还是再做一次工作。我找到被告，苦口婆心，反复阐述大娘目前的家庭境况和老来丧子给大娘带来的痛苦，并给被告留了几天换位思考的时间。意外的是，第二天一早我就等到了被告的电话，他说："亓法官，不为别的，只被你的诚心、耐心感动，我同意掏钱。"见时机成熟，我立即召集各方达成调解协议。等老人拿到了赔偿款，她激动得落下了泪："俺啥也不懂，就知道到处上访，这回俺们全家可多亏了你呀！"

类似这样的案件，我经历了不知多少，每次我都秉持"不让公平正义缺席"的初心，帮助遇到难事的老百姓依法实现诉求。当事人收获的是公正，我收获的是老百姓的信任！

我曾审理过一起离婚案件，双方对共同财产的争议较大，几经协调仍各执己见、相持不下，无奈，法庭启动财产评估程序。被告慌了神，托熟人找到我，没说几句话，放下一个信封就走，我赶紧打开一看，里面有整整 2 万元钱。我没有犹豫，第一时间把钱送到纪检部门进行了登记，随后给熟人和被告打电话，说："我干的是一个良心活，谁对谁错法律说了算。你们协商不成，法庭只能依法评估。"被告见此招行不通，便打电话威胁我："你要对我的公司进行评估，我就对你不客气。我已打听到你家的地址，也知道你孩子在哪儿上学，你要考虑评估的后果。"遇到这种情况，我当然会为我的家人担忧，有时想起妻子对我的埋怨，我也感到内疚，但我能做的只有安排家人尽量不要和陌生人打交道。为了捍卫法律的严肃性和公正，我必须坚持依法办案。被告第一次打电话威胁我后，我没有理会，不长时间，他再一次给我打电话。我义正辞严地对他说："我是一名法官，你说的话我会记住，但如果你做出违法的事，我遭到不测，你就是罪人，我就是英雄。"最后，法庭对存在争议的财产依法进行了分割，依法保护了女方的合法权益，我也安然无恙、毫发未损。

在基层人民法庭的 27 年，我承办过 5000 多起案件，几乎每天都要开庭，先后被评为"全国办案标兵"、"全国优秀法官"、全省"人民满意的公务员"。在党的百年华诞之际，我还被评为"全国优秀共产党员"，并受到了习近平总书记的亲切接见。荣誉不是我个人的，离不开组织的帮助、同事的支持，还有家庭的包容。

我常年处在基层第一线，每天都要面对形形色色的人和事，而且还要控制好自己的情绪和言行，回到家里总是感到疲惫不堪，没有时间也没有精力和家人交流，有时候脾气还很急躁。妻子知道我工作不易，总是在默默地忍让我。但孩子却不理解我，每天见到我总是远远地躲开，认为我是一个暴躁的、不称职的父亲。我虽然难过却没有很好的办法来应对。直到有一次，我去他们学校作事迹报告，我看见他认认真真地从头听到尾。那天晚上回到家，平时不愿和我说话的他主动对我说："爸，您辛苦了!"听到儿子的这句话，我的眼泪夺眶而出。这是儿子的原谅与理解，是信任与支持。说句实在话，我是一个不会轻易流泪的人，但是在那个瞬间，我的眼睛湿润了。父子之间的隔阂消失了，我心里的石头落地了，能够得到家人的理解，是一件多么幸福的事啊!

有人问我，有了这些荣誉，有没有想过离开基层，离开这些"鸡毛蒜皮""家长里短"的案子，去更高更大的舞台发展? 我想，只要真正把群众放在心上，走到哪里都是好舞台。习近平总书记曾指出："金杯银杯不如老百姓的口碑。干部好不好不是我们说了算，而是老百姓说了算。"只要能踏踏实实地为老百姓干点实事，比啥都强。25 年，我用坚守诠释了一名基层法官最朴实的为民情怀。我将在司法为民的跑道上，继续坚守初心、勇于担当，在法庭这个小舞台上，践行为民的大情怀!

宣讲人简介

亓民川，济南市莱芜区人民法院城西法庭庭长、一级法官。先后被评为"全国法院办案标兵"、"全国优秀法官"、"全国优秀共产党员"、全省"人民满意的公务员"。

此稿原标题为"愿做百姓满意的基层法官"。2021年，亓民川通过宣讲这篇稿件，荣获济南市"中国梦·新时代·跟党走"百姓宣讲比赛一等奖、山东省赛二等奖。

摩托车上的第一书记

济南市历城区供销社派驻南部山区西营街道叶家坡村第一书记 李洪文

2016 年，我作为历城区派驻南部山区西营街道的第一书记，来到了叶家坡这个省定贫困村，至今已是我在叶家坡任职扶贫的第 6 个年头。

叶家坡村地处西营街道最南端，贫困户多、破房子多、光棍儿多，小孩子少——这"三多一少"就是我对叶家坡村的第一印象——村委连一间办公室也没有，集体经济无分文收入，是一个名副其实的村集体经济"空壳村"。面对这样的困境，面对村民们企盼的眼神，我更加坚定了信念：再苦再难，也要让叶家坡村早日解困脱贫！

叶家坡村山高、路远、坡陡、弯急，交通极为不便，为方便走村串巷和流动办公，我花 6000 元买了一辆大马力的摩托车。每天早上，我 4 点钟准时起床，7 点之前准时到村。我每天骑摩托车行驶 120 多公里，翻山越岭往返于 5 个自然村之间。87 岁的王大娘患病无钱买药，我掏出 890 元钱为她买药治病；有两位老大娘患眼疾失明十几年，我请医院专家为她们做手术，使她们重见光明。这样的小事做得多了，我这个"外乡人"也就变成了村民眼中的"自家人"。

为了让村民在农闲时也能增收，我托朋友找到一家加工核桃的公司争取扶贫项目，但在与企业对接时发现，因为叶家坡村山高路远，人家送货加回收，挣的钱不够来回跑的汽油钱。公司老总当场拒绝了我的请求。为此，我三番五次往这家公司跑，前后不下30趟。精诚所至，金石为开，我的赤诚之心终于感动了这家公司的老总。当他答应优先为我们收送货时，我的眼泪一下子涌了出来，既有拿下项目的喜悦，更是因为触动了我驻村扶贫以来饱含酸甜苦辣的心！

我驻村以来，叶家坡村发生了翻天覆地的变化。村民家家户户吃上了自来水；崎岖难行的路全部变成了水泥路；气派实用的办公楼拔地而起；5米来宽的生产路取代了过去的羊肠小道；硬化的村级公路，使村民足不出村就能坐上公交车赶集上店；翻越14座山头，开挖铺设8000米输水管，使过去几百亩贫瘠的山岭薄地变成了旱涝保收田。村里出产的"高光效"苹果、高山蔬菜、高山小米被提前预订、抢购一空，柴鸡蛋、黑山羊肉更是供不应求。村民年人均收入，由我驻村前的不足800元到超过了1.1万元。截至2018年9月底，全村125户贫困户、210名贫困人口全部脱贫，村集体也由驻村前的无分文、零收入到实现增收超过了48万元。

驻村以来，我的摩托车更换了16条外胎、14根链条，累计行程已超过23.59万公里。我从未休过一天班，从未请过一天假，还从自己并不宽裕的工资中，累计拿出4万多元帮扶困难群众。面对疫情，我又将自己积攒多年，本想用来修理漏雨房屋的2.1万元全部捐了出去。

2019年农历正月初一，我用半天时间去陪伴我的老父亲。老父亲看着我又黑又瘦的脸，心疼地说："我这么大年纪了，非常担心你患病的身体，一想起你又黑又瘦的样子，我就整天提心吊胆。"大年初一本来是高兴的日子，老父亲却因担心我患病的身体，伤感得话语哽咽，泪水涌满了眼眶。

2018年3月，我的两年扶贫任职期满，本应卸任返回原单位，但叶家坡村的群众纷纷向政府反映，热切挽留我继续留在叶家坡村。

2020年3月，当听说我再次任职期满准备离开时，三十多位八九十岁的老大爷老大娘在家人的搀扶下，陆陆续续来到村委办公室。他们有的用饱经风霜的双手拉住我的手，眼含泪水地说："李书记，俺们一天听不到你骑摩托车的声音，一天见不到你，就像丢了魂一样，感觉失去了靠山。你要是走了，俺们就没了主心骨。叶家坡村的村民离不开你呀！"我心里一紧，是留下还是离开，该如何抉择？这4年，我早已成为叶家坡村的一员，叶家坡村也成为我生活中无法割舍的一部分。我怎能离开这个让我朝思暮想的家？怎能离开这些让我日夜牵挂的亲人？面对此情此景，纵使我有铁石心肠，也难以拒绝这些老人家的热切挽留哇！"不走了，不走了！"我对大爷大娘们说。他们听后把我的手握得更紧了。

我对叶家坡村的真情付出，得到了全体村民的高度认可。2021年2月，中共中央、国务院授予我"全国脱贫攻坚先进个人"称号。若说在贫困山村扶贫不苦、不累、不难，那不是真心话，但不苦、不累、不难的话，党组织要我们这些共产党员干什么？

有人说我"傻乎乎"，也有人说我："你这样撇家舍业、拼死拼活不要命地干，是出风头，累死活该。"面对种种不解和质疑，我说："我都已经59岁了，早已过了出风头的年纪。但为了叶家坡村的人民群众能够早日摆困脱贫、增收致富过上好日子，我愿出这个风头，甘愿'傻乎乎'！真若累死在叶家坡扶贫工作岗位上，我死得其所、死而无憾！因为我是一名共产党员！"

宣讲人简介

李洪文，原为济南市历城区供销社派驻南部山区西营街道叶家坡村第一书记。2019年4月被济南市总工会授予济南市五一劳动奖章，2019年6月被中共山东省委授予"山东省优秀共产党员"称号，2020年6月被山东省委省政府授予"山东省脱贫攻坚先进个人"称号，2021年荣获山东省"最美公务员"、"全国脱贫攻坚先进个人"等荣誉称号。

2021年，李洪文通过宣讲这篇稿件，荣获济南市"中国梦·新时代·跟党走"百姓宣讲比赛一等奖、山东省赛二等奖。

无悔的选择

济南市殡仪馆入殓师 辛沙沙

我叫辛沙沙，是济南市殡仪馆的一名入殓师，从事这一行已经 10 年多了。这期间，我给大约 15000 名逝者送了行，给他们整容、化妆，抚慰了上万个受伤的家庭。大家也许想不到，我是一名"90 后"，10 年前刚来到殡仪馆的时候，我只是一个 20 岁出头的小姑娘。

曾经我的梦想是当一名茶艺师，但由于父母在家务农，要供养 3 个孩子上高中，说实在的，真的很难。机缘巧合下，我报考了北京的一所职业院校，学习了现代殡仪技术与管理专业。实话实说，我就是希望能够找一份稳定的待遇不错的工作，能够在大城市里扎下根来。

我清楚地记得，入学第一堂课便是观看日本电影《入殓师》，其中的画面吓退了一批人，第二天便有同学转了专业。我就读的专业是学校里人数最少的专业，经常有别的系的同学开玩笑，说我们住的宿舍是"太平间"，更有以前的同学知道我选择了这样一个专业后说："以后见了面，你可别和我握手。"这虽然是同学的一句玩笑话，但让我感觉很尴尬。"有事找我"这句话，从选择了这个专业以后我就很少再和别人说了。

然而，最严峻的考验还是在殡仪馆实习。首次接触死于车祸的遗体时，我看到他那血肉模糊的样子，感觉全身一下子就凉了。将近一星期，我每天晚上都会做噩梦，我就想，当初选择这个专业是不是太冲动了？

直到有一天，我接触了这样一位逝者，她让我改变了入职初期的恐惧和忐忑。那是一位 24 岁刚大学毕业的年轻女孩，却不幸在车祸中遇难了。当时她的头盖骨因外力已经掀起来了，脸上也有多处划伤，但这仍然掩盖不了她生前的美丽。看着女孩逝去的容颜，听着女孩父母因丧失爱女那撕心裂肺的痛哭声，我下定决心一定要还原女孩生前的容颜，让她的父母看着她生前的模样与她告别。

于是我对照女孩生前的照片，开始认真地对遗体进行整容、化妆。经过我的手，女孩本来苍白的脸上仿佛映出了她曾经的美丽。虽然这一切，逝者无法感知，但我的每一个动作都体现着对生命的敬重。当家属看到整容完毕后的效果，满含泪水不停地感谢时，我忽然感受到了自己工作虽然很辛苦，但是很值得、很有成就感。

2020 年 1 月的一个早晨，刚到科室，我就听到同事们讨论，昨晚一对青年吵架，男生一气之下从 22 楼跳下，当场身亡，女生知道后悲痛欲绝，随后也在家中自杀身亡。那一年，男生 21 岁，女生 19 岁。两个年轻的生命戛然而止，留给两个家庭的是何等的悲痛。

平日里看惯了生离死别，我对生命有了更深的感悟。每当我在工作中遇到自杀的年轻人，看到他们家人悲痛欲绝时，总会为他们感到惋惜。我觉得生活中没有什么是过不去的，那么草率地结束生命真的很不应该。即使我能为他们的遗体整容、化妆，但终究无法抚平他们亲人的悲痛。

现在，对我来说给死者化妆也已经不单单是一个职业了，更是给逝者的尊重、给家属的一份慰藉。多年来，我给很多大家熟知的人化过妆：中国驻索马里大使馆遭遇炸弹袭击的烈士张楠、"齐鲁时代楷模"抗疫英雄白晓卉等。给他们进行入殓服务时，我不免怀有一份崇敬的心情。他们虽然离去了，但用我的双手，能够让他们保留生命最后的美丽。

由于受传统观念的影响，我从事殡葬行业，家里人也需要承受很大的心理压力。记得我刚工作的那一年，春节回家时，亲邻街坊家都是红灯高挂、喜气洋洋、热热闹闹，而我家却冷冷清清，从初一到初五没有一个人来拜年。我不禁问："这是怎么回事，连个到咱家串门的都没有？"母亲长叹了一声。那长长的叹息，我至今记忆犹新。哥哥埋怨我："与死人打交道，沾了晦气，连亲戚都躲着，别人谁还敢来啊。"听到这里，我当天就连夜赶回了济南！可又有谁知道，难过的我哭了一路。

2013年清明节，国家、省、市多家媒体连续对我进行了多次报道。2016年我被共青团中央授予"全国青年岗位能手"称号，2019年荣获了民政部最高荣誉"孺子牛奖"，2020年荣获了"全国先进工作者"荣誉称号。父母看到我取得的成绩和社会对我的认可，对我的看法慢慢地有了很大的改变。父母说："闺女，你喜欢就好好干，什么工作干好了都一样！"有了父母的支持，我心里踏实了很多。

如今，我早已从工作中找到了定位，那就是通过我们的服务，给逝者生命的旅程画上圆满的句号，让他们在生命的尽头完美谢幕；让生者得到心灵的安慰，抚慰他们丧失亲人的伤痛。

选择殡葬事业，今生我无怨无悔！

宣讲人简介

辛沙沙，济南市殡仪馆入殓师。山东省第十四届人大代表，曾荣获第22届"泉城十大杰出青年"等称号，2019年荣获民政部最高荣誉孺子牛奖，2020年荣获"全国先进工作者"荣誉称号。

辛沙沙宣讲的《只为人生谢幕时的美丽》，先后荣获2015年济南市、山东省"中国梦·我们的价值观"百姓宣讲比赛一等奖。

做新时代的时传祥

济南市城管局城肥清运管理一处清疏二队班长　陈国瑞

　　我叫陈国瑞，来自济南市城管局城肥清运管理一处。我是一名退役军人，如今，已经在城肥清疏一线工作十多年了。

　　2008年，我大学毕业，原本计划着留学深造。但那一年汶川发生特大地震，人民子弟兵舍生忘死抗震救灾的精神深深地感染了我，于是，我积极报名参军入伍。服役期间，我积极向党组织递交入党申请书，光荣地成为一名共产党员。可以说，认真学习、刻苦训练、保家卫国就是我践行全心全意为人民服务宗旨的最好表现。

　　军旅生涯结束后，我通过考试被安置到济南市城管局城肥清运管理一处工作。那时候，每天凌晨三点开始，我们打着头灯、挑着粪桶，悄无声息地穿行在城市的老街小巷里，进入还在熟睡的居民家的厕所中掏粪，然后再悄悄地离开。每天，每天……

　　第一天上班，我从老班长手中接过了扁担，挑起了平生第一挑粪。寒冬酷暑，日复一日，夏天厕所里气味刺鼻，汗水夹杂着厕所的味道糊在身上，非常难受。我每天回家，必须先去洗澡、洗衣服，有时候肥皂打了一遍又一遍，还是会觉得自己身上有一股臭味。孩子小的时候，每当我回到家，他想过来抱抱我，闻到我身上的味道，就一边跑一边喊："爸爸臭，臭爸爸。"我当时也不知道该怎么跟他解释。

记得一次大学同学聚会，有个许久不见的女同学问我退役回来在哪里上班。不等我回答，我舍友接过话："你不知道呀，咱这特种兵现在当上所长了，厕所所长。"满桌人哄堂大笑。我至今记得，那一刻，我的脸红到了脖子。

我问老班长："您年轻的时候，就那么心甘情愿地干这个工作吗？"老班长说："什么工作都要有人做，如果我们一天不工作，你可以想象一下老城区居民的生活会受到多大的影响，比停水停电还难受！如果那是你自己家呢，你又该怎么办？"

老班长的话实实在在，可说起来容易做起来难哪！有一天深夜，我在挑粪，没走几步，扁担的铁钩突然断了，我被粪水溅了一身。我那时候觉得特别委屈，抓起扁担摔在了地上，觉得自己是被埋没的人才，怎么干起了这个工作！当兵那么苦，我没流过泪，可是那个夜深人静的时候我哭了，哭得像个孩子。

老班长从粪水里捡起了我的扁担，拍着我的肩膀对我说："别怪扁担，28年前，我第一次拿起这根扁担时跟你一样大，我这不是干得好好的。你应该像扁担那样，有担当、有韧劲儿啊。我们的前辈，全国劳动模范时传祥也是一名掏粪工。在齐河有个时传祥纪念馆，你呀，真该去那里感受一下。"

周末，我一个人来到了时传祥纪念馆。了解完前辈的生平事迹后，我在他的塑像前站立了很久。时传祥前辈曾说："掏大粪看起来是个平凡的工作，做好了就不平凡。我们的工作尽管脏一点、臭一点，搞好了居民就不脏、不臭！"他通过言传身教，践行着"工作无贵贱、行业无尊卑"的人生理念。默默地无私奉献的思想基础是什么？是一种什么精神鼓舞着他呢？"宁愿一人脏，换来万家净"，这朴素的语言，就是最好的答案！

时传祥前辈曾说："我要永远听党的话，当一辈子掏粪工。"这句话深深地触动了我，让我想到自己当兵时，为了保卫祖国和人民，刻苦训练，什么苦都吃过。现在我是一名掏粪工，岗位是不同了，可是共产党人全心全意为人民服务的初心和奉献精神却是一样的。

在城肥前辈的影响下，我重新挑起修补好的扁担，并下定决心做好城肥事业。不但要干，而且要干好。我开始虚心向单位的老前辈们学习业务知识和工作方法。经过半年的刻苦学习，我参加了全市环卫工技能比武，得了第一名，被山东省住房和城乡建设厅授予"岗位技术标兵"称号。后来，随着老一辈城肥前辈退休，我成了单位最年轻的清疏班班长。

业余时间，我经常到辖区住户家进行走访调查，和独居老人聊聊天、帮助老人收拾一下卫生，并将居民反映的问题和困难及时记录反馈，为大家排忧解难。逢年过节，我到上年纪的住户家看望，他们都把我当成"自家的孩子"。

这些年我做了很多为居民服务的小事，温暖也激励着我。我曾在一个住户家，用手给居民捞出4部不慎掉入厕所的手机，这位户主在一次清疏作业后叫住我，从屋里取出了一面锦旗，郑重地交到我的手上，说："感谢你们！谢谢！"接过这面锦旗的那一刻，我感觉这面锦旗的分量好重。

一位阿姨家的下水道堵了，给我打了求助电话，我带车组立即赶到了现场，接了六根管子将管道疏通。后来，阿姨写了表扬信，通过多方打听找到了我单位，亲自送到了我的手里。信上写着："年轻的小伙子们不怕苦、不怕脏，以时传祥为榜样。劳模精神代代相传。"

一面锦旗，一句感谢，一份感动，一如既往！

2018年，我拿着见证了一代代城肥人几十年如一日用的，默默无闻、尽心尽力为居民服务的扁担，参加了由中华全国总工会举办的"中国梦·劳动美——学习贯彻习近平新时代中国特色社会主义思想和党的十九大精神"全国职工演讲比赛，得到了社会各界的一致认可。

如今，济南已进入智慧清疏时代，新一代城肥人早已放下了扁担。那些充满着时代记忆的扁担陈列在我们单位的纪念馆内，也成为无私奉献、艰苦奋斗、担当为民的城肥人精神的象征。

现在，我每天和同事们乘坐着新能源抽粪车为全市居民服务。单位升级了数字化管控室，我们还在化粪池内安装了液位检测设备，相当于在化粪池中安装了一双电子眼，一旦出现液位上升预警，通过数字化管控平台传递回信息，我们可以调派最近的清疏车辆去及时清疏。

我大学学的是管理专业，对于机械，可以说是一窍不通，但是我觉得，改变现有的工作环境条件，是我们这一代城肥人的责任。于是，我经常带领班里的年轻同事们进行讨论，利用业余时间跑到厂家学习请教。自己的思维面窄，我便拉着专业的同学一起研究。有时候，一个想法产生后，顺着思考下去就是一整晚，想不明白，白天就继续问老师，边想边实验。终于，功夫不负有心人，目前我申请的两项实用新型专利获批，初代的机械设备也已落地。前不久，我接到泵厂的电话，说已经有了升级解决办法。我希望尽快总结出一套高效率的、符合国家环保要求的作业方法，让清疏作业也能享受国家科技进步带来的成果。

前不久，我去孩子的学校参加家长进课堂活动。我问孩子们："你们的理想是什么呀？"我的儿子想了一下，认真地看着我说："成为你！"当时听完，我怔住了，问他："谁教你这样说的？"儿子说："爸爸，你很棒！"

我在党的旗帜下长大，从一个懵懂少年，成长为对祖国和人民有贡献的新时代青年，我想，这是党带给我的蜕变。我始终没有忘记自己入党宣誓那一刻的激动，也永远忘不了自己入党的初衷。

中国共产党的伟大精神力量，我在父辈身上感受过，在老班长身上感受过，在时传祥身上感受过，在身边每一名优秀的共产党员身上感受过。这股力量，就是我前行的动力和支撑。

十年前，我来到了济南市城管局城肥一处，在时传祥前辈和老一辈城肥人精神的引领下，成长为一名清疏一线的班长骨干；未来的日子里，我将继续带领共产党员车组，传承精神、践行担当、勇于创新，为百姓们守护这一方净土。

宣讲人简介

陈国瑞，中共党员，济南市城管局城肥清运管理一处清疏二队班长。他传承时传祥精神，十年间，用一根扁担为百姓守护洁净。他勤于钻研，现已成功申请两项国家实用新型专利。近年来，他在全国宣讲数百场，受众上亿人次。他荣获山东省五一劳动奖章，荣登"中国好人榜"，并先后获得"全国向上向善好青年"、"齐鲁最美职工"、"济南市先进工作者"、第六届"济南市道德模范"等荣誉称号。

十米车厢里的生死考验

济南市公共交通集团六分公司一队 K52 路公交驾驶员　董丹

自从十多年前穿上这身公交制服，我就被身边爱岗敬业、无私奉献、全心全意为乘客服务的同事们所感动，他们让我体会到，努力做好本职工作，就是实现了自己的人生价值！通过努力学习，我熟练掌握了 273 条公交线路的运营时间和 4000 多个公交站点的线路换乘。我还学习了英语、手语等相关业务知识。在每个月的工作考核中，我都能以优异的成绩取得"五星级驾驶员"的称号！在繁忙的公交线路上，每一天、每一趟，我都重复着简单而又快乐的驾驶之旅！然而有一天，在这平凡的十米车厢里，却经历了一场生死考验！

2015 年 7 月 12 日下午 5 点多，我像往常一样，开着公交车执行营运任务。车辆到达市中心医院站点时，车门一打开，我微笑着面对上车的乘客说："您好！请站稳、扶好！"最后上车的是一位 30 岁左右的男子，我也微笑着向他说了声"您好！"这时我才发现他的手里竟然拿着一把30多厘米长的尖刀。还没等我反应过来，他一步上前，左手掐住我的脖子，右手将刀高高举起，大喊道："别动！1、2……"我感觉只要他喊出"3"字时，这把尖刀就会应声刺在我身上！当时我整个人都吓蒙了！我本能地喊道："你别激动、别激动！"男子把刀抵在我的腰部，大喊道："快点儿把车开到泉城广场！"一切发生得太突然！歹徒的尖刀已经狠狠地抵在了我的腰部！惊恐、惧怕、慌张，一股脑地涌了上来！

他想干什么？他会伤害我吗？他会伤害乘客吗？怎么办？我该怎么办？一堆问号涌上心头。"别慌！别慌！"我心里不停地宽慰自己："车上还有一车乘客呀，我要是慌了，乘客们怎么办？"想到这里，我强迫自己冷静下来，一边假意顺从歹徒往前开车，一边想办法与歹徒进行周旋！

"你别激动、别激动，有话好好说！是不是家里遇到什么难处了？有啥难处说出来，我们帮你想办法，千万别激动！"因为不知道他要干什么，我想先稳住他的情绪，再找机会报警！当时的车辆报警按钮安装在驾驶座的上方，我被歹徒掐着脖子摁在座位上，够不到它，得想办法站起来才行！这时车上的乘客发现了异常，情绪激动起来，纷纷向车厢后半部分走去，车内出现了一阵小骚动！我想这正是一个可利用的机会，于是借此跟歹徒提出："我要站起来安抚一下乘客的情绪。"同时悄悄地按下了头顶的报警按钮。可是没等我和乘客多说几句，歹徒又恶狠狠地把我摁在座位上，逼着我继续往前开车。

看到歹徒的情绪非常激动，我心里想，得赶快让乘客下车才行。"乘客们都很害怕，能不能让他们下车，我留下来。我陪着你，把你送到泉城广场。"　"不行，不行！不许下车！"歹徒歇斯底里地叫嚣着。我的头皮又一阵发麻。看着明晃晃的刀子，我想，这次我死定了！可是歹徒情绪越激动、情况越危险，我就越想让车上的乘客赶快下车，他们在车上多待一分钟，就多一分钟的危险！我冷静地继续劝说歹徒："让乘客下车吧，我不在站点停车，也不在人多的地方停车，我在路边没人的地方停车让他们下去！他们这么多人，激动起来对你也没有好处啊！让他们下车吧。"就这样，经过我的反复劝说，歹徒终于答应让乘客们下车了。

看到乘客们安全下车后，我的心里稍微松了一口气。但是，我很快发现车厢里还有一位男乘客没有下车，选择留下来陪着我一同面对歹徒！说实话，当时我心里有了很大的底气，也不那么慌了！

在歹徒的威胁下，我继续驾驶着车辆向泉城广场缓缓驶去！因为泉城广场是济南的旅游景点，也有很大的公交站点，人员非常密集。我不知道歹徒身上有没有更加危险的易燃易爆物品，也不知道他会不会做出更加疯狂的举动。

为了避免更多的人受到伤害，也为了给警方的救援争取时间，我把公交车从畅通无阻的公交专用车道行驶到了旁边拥堵的普通车道上，车速明显慢了下来。歹徒很快发现了我的举动，情绪更加暴躁，左手使劲掐着我的脖子，右手挥舞着刀子砍在了我身旁的扶手杆上……就在这危急时刻，救援的警方及时赶到，车上留下的那位乘客试图抢夺歹徒的刀子却没有成功，被甩在了前门口。我找准机会停稳车辆，快速打开车门，提起身边的灭火器与歹徒进行搏斗。这是一场生与死的较量！就当我的同事提出用他交换我当人质的时候，就在歹徒的目光从我身上转移的瞬间，我快速拔下灭火器上的保险销，将干粉冲着歹徒头部喷去！歹徒躲闪后举着刀子向我猛扑过来，我又将干粉冲着歹徒面部用力喷去。顿时干粉充满了整个车厢，歹徒被困在了车内，警察一拥而上，一举制伏了歹徒！

看着歹徒被制伏在地，我浑身瘫软，感觉全身的力气都用完了，连说话的劲儿都没有了，内心的柔弱完全涌了出来，特别想哭！当我深夜回到家中，看到家人期盼我回家的目光时，我忍不住一把将孩子搂在怀里，紧紧地、紧紧地抱着她，我的眼泪再也忍不住地夺眶而出。能够平安回家真幸福！当我抱着家人泪流满面时，我想到当时车上的一车乘客都能平安回家，给家人一个拥抱，和家人团聚，觉得我所做的一切都值了！

大家都说，我在危险时刻救下了一车乘客，感动了整座城市。中央电视台、省市各大媒体都对这件事进行了报道，一时间，各种赞誉铺天盖地。但是，我想说的是，乘客们毫发未损才是我最大的欣慰和满足！这是我应该做的，也是每一位公交驾驶员应该做的！我想，我的任何一位同事遇到这一情况时，都同样会挺身而出！再遇到这样的事情，我也依然会这样做！因为十米车厢是我热爱的地方，我愿意在这平凡的地方把乘客当亲人，以公交人对乘客的责任、对社会的承诺为己任，全心全意为乘客服务，为了车上的每一位乘客都能够平安出行！

宣讲人简介

董丹，济南市公共交通集团六分公司一队K52路公交驾驶员，济南市政协委员。被授予"全国五一劳动奖章"，荣获"全国交通运输系统劳动模范"、"全国爱岗敬业驾驶员楷模"、"全国向上向善好青年"、"中华见义勇为楷模群体"、第六批"全国岗位学雷锋标兵"等称号，荣获第六届全国道德模范提名奖。2021年被评为"山东省优秀共产党员"。

董丹宣讲的《十米车厢里的生死考验》，先后荣获2015年济南市、山东省"中国梦·我们的价值观"百姓宣讲比赛一等奖。

致敬英雄

济南战役纪念馆工作人员　杨珊珊

一个有希望的民族不能没有英雄，一个有前途的国家不能没有先锋。英雄，是一个民族最闪亮的坐标。今天我给大家分享的是英雄的故事。

在济南战役纪念馆的展厅中，陈列着 18 张纸币，这些纸币带有弹孔和斑斑血迹，是华东野战军 9 纵 73 团战士孙景隆留下的党费。

1948 年 9 月 23 日，当济南内城攻坚战激烈打响时，73 团 7 连班长李永江对身后的突击队员大喊一声："共产党员，不怕死的跟我上！"之后，他带头第一个攀上城头。小战士孙景隆紧随班长登城。城头上的敌军巡逻队疯狂组织反扑，7 连指导员彭超腿部中弹，忍着剧痛急促命令道："孙景隆，快去插旗，让城下的兄弟们看到！"孙景隆立即将冲锋枪甩到身后，扛起红旗，迈着大步朝制高点气象台跑去，300 米，200 米，100 米……就要靠近气象台了。突然，敌人的机枪声密集响起来，孙景隆胸口、腿部瞬间中弹，重重摔倒在了气象台边……

当战友们找到伤势严重的孙景隆时，他用颤巍巍的手摸向胸前一个被鲜血浸透的小纸包，虚弱地说："这是俺的党……党……"话还没有说完，他就再也没有睁开眼睛。

滴血的纸包里，有18张一角钱和一张字条，字条上歪歪扭扭的字是："连长、指导员，请审查，如果够资格，请接纳我入党，这是我的党费。"济南战役时，孙景隆参军18个月，每个月部队发一角钱的津贴，他一分钱都没舍得花，全部攒了下来。战火纷飞中，他把自己年轻的生命献给了人民，把一颗忠心献给了党。

在这场惨烈的济南战役中，我军伤亡2.6万人，有很多烈士都是无名英雄。

习近平总书记曾讲过一个故事：长征路上的军需处长。军需处长叫什么名字？无人知道。二万五千里长征路上，红一方面军出发人数约8.6万，到达人数只有7000左右，平均每300米就有一名红军牺牲。这些英雄留下名字的，少之又少。是什么力量让红军用脚走完二万五千里长征的？我想起邓榕与父亲邓小平的对话。邓榕问："长征的时候，您都干了些什么工作？"邓小平的回答只有三个字："跟着走。"

"跟着走"，就是"跟党走"。信念坚定，坚如磐石。

英雄的名字无人知晓，但他们的功勋光照史册。

不知道各位是否听说过这样一组数据，据不完全统计，在革命战争时期，我国约有 2000 万名烈士英勇牺牲，但目前，全国有名可考、登记在册的仅有 196 万余人。屈指算来，每 10 名烈士中就有 9 人是无名烈士。他们姓甚名谁？故乡在哪里？亲人是谁？我们无从知道。但他们有着一个共同的信念，叫"跟党走"；拥有一个共同的名字，叫英雄。

党的十八大以来，习近平总书记缅怀英烈的足迹遍布大江南北。井冈山革命烈士陵园、红军长征会师纪念碑、华东革命烈士陵园……这些地方都留下了他向英雄致敬的足迹。总书记曾这样讲述自己的感受：每到一地，重温那一段段峥嵘岁月，回顾党一路走过的艰难历程，灵魂都受到一次震撼，精神都受到一次洗礼。每次都是怀着崇敬之心去，带着许多感悟回。总书记曾引用屈原的《九歌·国殇》赞颂铁骨铮铮、为国献身的革命先烈："诚既勇兮又以武，终刚强兮不可凌。身既死兮神以灵，魂魄毅兮为鬼雄。"

危急时刻，遍地见英雄。革命战争年代涌现英雄，和平年代也英雄辈出。中华人民共和国成立后，涌现了红旗渠精神、大庆精神、"两弹一星"精神、抗震救灾精神、脱贫攻坚精神等。这些精神中，英雄是最闪亮的标识。是无数平凡和不平凡的英雄们，谱写了伟大的中国精神谱系，续写着中华民族从站起来、富起来到强起来的壮丽诗篇。

时代楷模、人民英雄张福清淡泊名利、默默无闻，有人曾问他："为什么60多年深藏功名？"他哽咽着回答："那么多的战友都牺牲了，我有什么资格'显摆'自己呀！"他的话语很朴素，但道出一个真理：新中国是怎么来的？今天的幸福生活是怎么来的？那是一代又一代英雄们，用牺牲与奉献换来的。

我是一名讲解员，欢迎大家参观济南战役纪念馆，让我给大家讲红色故事、讲英雄故事。让我们共同崇尚英雄、捍卫英雄、学习英雄、关爱英雄，一起传承红色基因、弘扬英雄精神。

致敬英雄，让《英雄赞歌》在百年的历史时空中高亢嘹亮、穿越云霄，激励一代又一代的共产党人，踔厉前行、笃行不怠。

宣讲人简介

杨珊珊，中共党员，济南战役纪念馆工作人员，从事讲解工作近10年。曾获2014年山东省百姓宣讲比赛二等奖，2017年济南市百姓宣讲比赛特等奖，2016年济南市百姓宣讲比赛一等奖。曾连续多年担任省、市青年宣讲团团员，跟随宣讲团走进机关、企业事业单位、学校巡回宣讲百余场。

坚定理想信念需答好时代"三问"

中共济南市委党校科社与统战教研部副教授 陈军

习近平总书记指出："理想信念是立党兴党之基，也是党员干部安身立命之本。"共产党人必须将坚定理想信念作为终生课题，把握理想信念的三重逻辑，回答好什么是理想信念，为什么坚定理想信念，怎样坚定理想信念这三个重要问题。

坚持理论逻辑，回答理想信念是什么

理想信念是正确的思想价值观念内化于心后的精神反映，对党员来说就是对理想的执着坚守。从内容上来说，这个理想信念，就是马克思主义信仰、共产主义远大理想、中国特色社会主义共同理想。

中国共产党人的理想信念首先表现为对马克思主义的信仰。我们的理想信念是建立在科学理论基础上的，这是理想信念的科学性。李大钊面对敌人的绞刑架从容就义，方志敏在临刑前慷慨陈词，刘胡兰宁死不屈、大义凛然走向敌人的铡刀，还有无数革命前辈倾家荡产、舍生取义，为的都是信仰。中国共产党人的最高理想和最终目标是实现共产主义，这是理想信念的目标性。如果脱离这个目标，就可能导致共产主义运动的性质发生改变。苏共为什么亡党？就是从目标的动摇开始的。戈尔巴乔夫把共产主义当作一种几乎不可能实现的口号，没有了目标，也就丢失了理想。中国共产党人的共同理想是中国特色社会主义，它是科学社会主义理论逻辑和中国社会发展现实逻辑的辩证统一，是共产主义在我国的具体实践。这是理想信念的现实性，也是中国共产党人对信仰什么、追求什么的时代回答。

坚持历史逻辑，回答坚定理想信念为什么

回顾中国共产党百年奋斗实践，中国共产党之所以能历经挫折而不断奋起、历经苦难而淬炼成钢，归根结底在于无数中国共产党人拥有坚定的理想信念。无论在革命、建设还是改革过程中，理想信念始终是共产党人前赴后继、接续奋斗的力量源泉，是共产党人经受住任何考验的精神支柱，是党在百年"接力赛"中抒写辉煌伟业的精神密码。

长征过程中，每300米就有一个红军战士倒下，但共产党人没有被困难打倒，反而"风雨侵衣骨更硬，野菜充饥志愈坚"；抗美援朝时，在零下40摄氏度严寒下身穿

两层单衣的志愿军饮冰卧雪依然顽强作战；三线建设中，一大批党员响应党的号召，从城市义无反顾奔向农村，在大山深处铸就出共和国自立自强的光辉岁月；改革开放以来，蛇口的开山炮犹如一声春雷炸响神州，深圳40多年时间从过去的小渔村飞速崛起为举世瞩目的现代化大都市。革命理想高于天！中国共产党人正是凭借"为有牺牲多壮志，敢教日月换新天"的坚定理想信念，让我们党在血与火的艰难考验、存与亡的生死抉择、兴与衰的关键转折中，始终站在历史正确的一面。进入新时代，百年大党的巍巍巨轮正破浪前行，共产党人更要赓续红色血脉，坚定理想信念。

坚持实践逻辑，回答坚定理想信念怎么办

习近平总书记指出："没有远大理想，不是合格的共产党员；离开现实工作而空谈远大理想，也不是合格的共产党员。"对党员干部来说，践行理想信念最重要的就是和现实结合，将理想信念融入我们工作和生活的实际。

具体来说，要做到心中有党讲政治，这是坚定理想信念的内在要求。朱德36岁时放弃国民党高官厚禄，远渡重洋找到周恩来，为的是加入共产党；新时期，钟南山84岁高龄奔赴武汉抗击疫情，展现的也是对党的赤诚忠心。要做到心中有民记宗旨，这是坚定理想信念的根本所在。长

征路上红军战士把"半条被子"留给群众是因为和人民群众的感情，新时期杨善洲义务植树 22 年为的是兑现对人民的承诺。还有脱贫攻坚一线的广大党员干部、疫情防控一线的最美逆行者，他们都用实际行动诠释了"人民至上"。要做到心中有责勇担当，这是坚定理想信念的直接表现。林俊德一辈子致力于中国核事业发展是因为对事业的执着追求；载人航天团队逐梦九天，屡次刷新中国"高度"，是因为心中的使命感和责任感。还要做到心中有纪守规矩，这是坚定理想信念的底线，也是我们做人的红线，必须做到政治上永远跟党走、经济上永远不伸手、生活上永远不出丑。

所以，对共产党人来说，理想信念不仅是理论问题，更是现实问题和实践问题。"志不立，天下无可成之事"。共产党人只有把坚定理想信念作为第一位的要求，不断"补钙"筑基，才能以强大的精神力量助推党的事业勇往直前。

宣讲人简介

陈军，中共济南市委党校科社与统战教研部副教授，市优秀党课主讲人。山东省红色宣讲团成员，济南市委党史学习教育宣讲专家库成员，济南市百姓宣讲团成员。兼任山东省延安精神研究会理事，济南市科社学会理事。长期从事党员干部教育培训与百姓宣讲工作，曾在济南市"我来讲党课"活动、市理论宣讲比赛、市直机关党课比赛、市党校系统青年微党课比赛等活动中获一等奖，多次获济南市党校系统优秀教学奖，三项科研成果获济南市社科系统二等奖。